階段から考える住宅設計

54の事例から空間構成と詳細図を読み解く

大塚篤・長沖充・細谷功

著

彰国社

装丁・デザイン───────刈谷悠三＋角田奈央＋平川響子｜neucitora

はじめに

「階段の設計はムズカシイ……（泣）」

——

本書を手に取っていただいた、建築設計に携わる多くの方にとって、共通する悩みのひとつだろう。その悩みどころやわかりにくさを書き出してみると、

- いろんな種類の階段があって、いざとなると、
  どれを選べばよいかわからない……

- 階段の種類によって、納まりが違うから大変そう……

- プランニング上、どこに階段を配置すればよいか迷う……

- 法規にまつわる寸法などの決まりごとや用語等、
  覚えることが多い……

- 建物の構造と階段の構造、
  どう合わせればよいのやら……

というように多岐にわたる。

これらのニーズに応えるべく、ちまたには階段詳細の事例を集めた特集や書籍が、すでに繰り返し、数多く出回っている。けれど、前述した悩みが、依然解消されない原因は、ズバリ、階段が、建築計画の「基本構想」から「基本設計」、そして「実施設計」に至る、すべてのステップに関係していることによる。仮に、特定の階段詳細を学んだとしても、建物自体のプランや構造が違った場合、応用が利くだろうか？ そもそもその学びは、「基本構想」段階から階段を意識することにつながっているのだろうか？

——

そんな長年の懸案事項を解消すべく、本書は、「階段の基本」「空間づくりと階段」「構造別の階段詳細」という、3つの異なる視点による章立てで構成されている。各章の概要は、次頁「本書の構成」を読んでほしい。大切なのは、これら3つの視点が、階段を計画するうえで、分かちがたく結び付いている点である。

あらかじめ、「階段には、だいたいこういう種類があるよね」というざっくりした理解のうえで、「そもそもどんな空間と階段をつくるべきか？」と検討し、「じゃあ、実際にその階段を施工するにはどうしたらよい？」と緻密に具体化していくこと。本書は、この一連の計画ステップとオーバーラップするような構成を心がけた。

どこからでも、興味あるところだけをじっくり読み、ほかの部分は飛ばし読みして構わない。むしろ、気ままに3つの章を行ったり来たりしながら学ぶことは、あなたにとって、階段を考える視点を柔軟に切り替えるトレーニングになるはずだ。

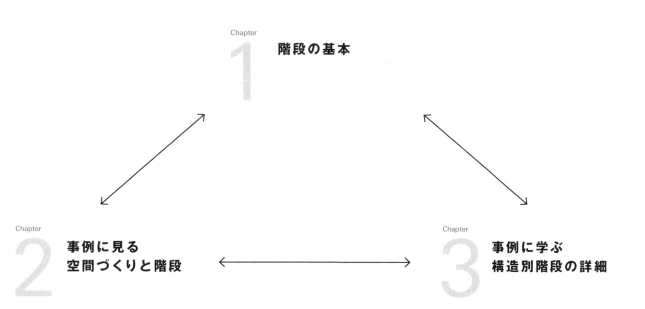

Chapter
1
階段の基本

Chapter
2
事例に見る
空間づくりと階段

Chapter
3
事例に学ぶ
構造別階段の詳細

本書の構成

Q 階段の
種類や仕組みを
知りたい！

A 階段の基本

階段の基本を理解するには、まずはChapter
1から、以下の3つの視点で学ぶといい。
1つ目は構造形式。階段の構造は、建物本
体と同様に、木造、鉄骨造、RC造等に分
類でき、あえて建物本体と異種の構造を組
み合わせることもある。
2つ目は支持方法。階段の特徴は、「段板」
を支える仕組みに強く現れる。そして、同じ
構造形式であっても、いろいろな「段板」の
支持方法を選択することができる。
3つ目は平面形。階段にはまっすぐなもの、
折れ曲がったもの、らせん状に巻き上がる
もの等、さまざまな形状があるが、それらは配
置される空間全体の方針に沿って決める
べきである。1章に示す基本の平面形が、
Chapter2、3のどんな空間で適用されて
いるのか観察してみよう。

Chapter

1

Q 階段を手がかりに
空間の構成方法を
知りたい！

A 事例に見る
空間づくりと階段

階段を切り口に、住宅の空間を読み解いた
のがChapter2である。
階段単体での構造形式や支持方法に注目
するのではなく、住空間全体の中で、階段の
位置づけを明らかにする試みである。
こうした視点で住空間を観察すると、階段が
居場所同士を束ねたり、離散させたり、それ
自体が一連のシークエンスの場になったりし
ていることに気づく。なかには、細切れになっ
てほかの部位と融合した階段もある。とりわ
け住宅は、小さなスケールの建築だから、階
段まわりに暮らしの行為が集まって変化に
富む。このような点から、階段を手がかりにす
ることは、住空間を読み解く最適な方法の
ひとつといえるだろう。
Chapter2では、階段に特徴が見られる事
例を、9つのカテゴリに分類して紹介してい
る。同一カテゴリ内では、事例間でスライドし
ながら変化する類似性と差異に注目してほ
しい。一方、Chapter2全体を俯瞰する視
点では、階段を切り口にした空間づくりのコ
ンセプトの広がりに想いを馳せてほしい。

Chapter

2

空間の構成

1｜プランの軸に据えた階段

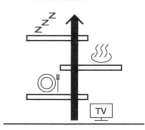

2｜居場所同士を一筆書きでつなぐ階段

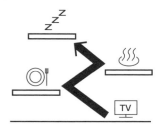

3｜分散した居場所へ行き渡る階段

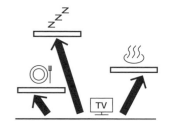

4｜フロアの姿をした階段

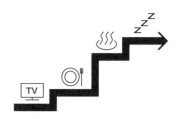

5｜動線上に機能や行為を見立てた階段

基礎

6｜外側にまとう階段

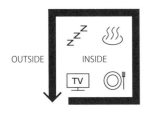

OUTSIDE　　INSIDE

7｜存在感が消された階段

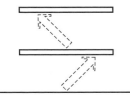

8｜気持ちを切り替える階段

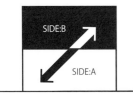

SIDE:B

SIDE:A

9｜外とのつながりをつくる階段

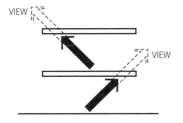

VIEW

VIEW

Chapter

3

Ⓠ 階段の詳細な
納まりやつくり方を
知りたい！

Ⓐ 事例に学ぶ
構造別階段の詳細

階段の事例について、主な構造形式で分類したうえで、詳細図を中心に紹介するのがChapter3である。ここでは、常にChapter1、2を念頭において眺めることをおすすめする。

たとえば、Chapter1で示した基本の支持方法や部材が、事例個々の実践の場においては、どんな寸法や部材構成にアレンジされているのか？ あるいは、ほぼ不変なつくり方なのはどのあたりか？ このように、まずは標準的な状態をつかみ、そこから特殊解との距離感を測ることが、建築の納まりを学ぶ最適な方法といえる。

また、近視眼的になりすぎず、俯瞰した視点でも、住空間全体での階段の位置づけや、Chapter2で示したカテゴリとの関係を想像することが、スケールを超えた階段と住空間の理解につながるだろう。

階段の基本　　→p.009

階段の構造

木造の階段
基礎 →p.012
応用 →p.066

鉄骨造の階段
基礎 →p.020
応用 →p.092

RC造の階段
基礎 →p.022
応用 →p.118

ハイブリッド階段
基礎 →p.018
応用 →p.078

ハイブリッド階段とは?
木造の「段板」に、鉄骨造の支持方法を組み合わせるなど、異なる構造形式をミックスした階段がある。それらを本書では「ハイブリッド階段」という新たなカテゴリに分類した。

目次

本書における事例の分析と図・写真の加工について

掲載する事例については、主に以下のような視点から図解し、分析を試みた。

- 動線（行き来できるか）や空間のつながり方
- 視線（空間または外へ視線が通るか）
- 採光（周辺の自然条件をどのように取り入れているか）
- 注目すべき部位等の寸法

上記を考慮しながら事例の図面や写真に考察を書き込み、
図から空間の特性が浮かび上がってくるような表現を試みた。

主な凡例

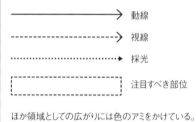

───────────→ 動線

---------------→ 視線

··············▸ 採光

┌──────────┐
└ ─ ─ ─ ─ ─ ┘ 注目すべき部位

ほか領域としての広がりには色のアミをかけている。

階段の基本

階段に関する用語の定義

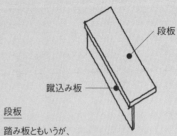

段板

蹴込み板

段板
踏み板ともいうが、
本書では段板の呼称で統一する。

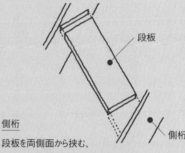

段板

側桁

側桁

側桁
段板を両側面から挟む、
もしくは側面片側に取り付く桁のこと。

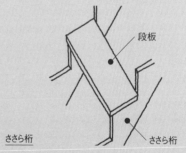

段板

ささら桁

ささら桁
段板を下側から支える桁で、
段板の端部にある桁のこと。

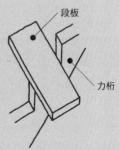

段板

力桁

力桁
段板を下側から支える、
段板の中央部にある桁のこと。

階段の種類と名称

階段は、階の上下を立体的につなぐ役割をする部位であり、建築空間のプランニングを決めるうえで重要な要素になっている。上下階の床をどのようにつなぐのかの接続部であり、空間の連続性と分節を生み、また時に人の居場所であったりもする。また、吹抜けなどの空間に独立して置かれた階段の立体的な構造のシルエットは、オブジェのように美しい。階段を取り巻く空間ではさまざまな楽しい空間がつくられている。階段にはさまざまな形式、構造、意匠上

美しく見せるための工夫が必要になる。そのため平面的、断面的、立体的に階段と建築空間の成り立ちを深く考慮しておきたい。

この章では、階段の種類を、木造階段、木製段板と鉄骨の組み合わせであるハイブリッド階段、鉄骨造階段、RC造階段に分類して、安全に安心して人が昇降するための階段の基本構成について解説していく。

本書における階段の素材別の名称

木造階段（木製階段）

木造階段の支持方式は、桁方式（側桁、ささら桁、力桁等）や、建物の壁面や柱（間柱）による支持方式、特殊な家具階段（箱階段等）等に大きく分かれる。木の力強さとあたたかみのある繊細な素材を使った多彩な意匠の表現がある。

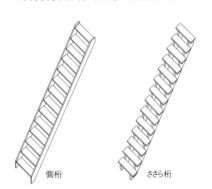

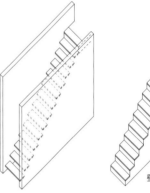

側桁　ささら桁　力桁　稲妻桁　壁で支える

ハイブリッド階段（木製段板＋鉄骨）

鉄を用いて木製段板を支持する形式の階段である。木の温もりやデザインを残しつつ、細かく軽やかなデザインにすることができるのが特徴である。

桁方式、吊り方式など木造だけでは難しく成り立たない構造を、鉄を用いることで可能にする階段を、本書では「ハイブリッド階段」として紹介する。

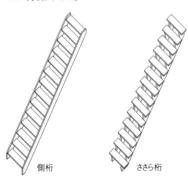

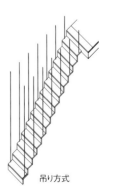

側桁　ささら桁　力桁　稲妻桁　吊り方式

階段の形状（平面形）からの名称

本書では、階段の形状を下記のように分類している。

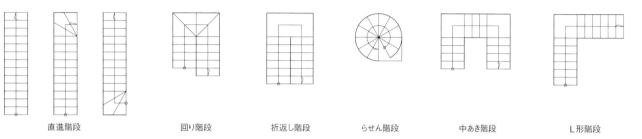

直進階段　　　　　回り階段　　　　折返し階段　　　らせん階段　　　中あき階段　　　L形階段

鉄骨階段

段板、桁など構造支持材がすべて鉄骨の階段。段板の仕上げに木を使ったものでも、段板全体を支えるプレートがあれば鉄骨造階段とする。鉄骨の構造自体に塗装するなど、そのまま仕上げとなる場合が多く、部材の接合部分の納まりに細心の注意をする。木造と異なり、現場調節が難しいので十分なクリアランスが必要。

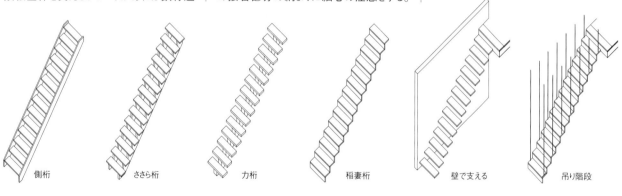

側桁　　　　　ささら桁　　　　力桁　　　　稲妻桁　　　　壁で支える　　　吊り階段

RC階段

階段の躯体が鉄筋コンクリートのもの。打放し仕上げとする場合に施工精度が必要、手すりの納まり等、あらかじめ十分な検討を要する。室内の場合、人が直接触れる段板部分には木や石、タイル、カーペット等を使用することが多い。

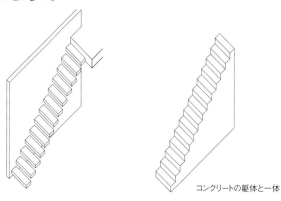

コンクリートの躯体と一体

木造階段の基本構成-1［側桁方式］

木造階段の基本構成には、桁材を上下階の受け材に渡し、段板を支持する階段と、壁面や家具等で支持する階段がある。木造の桁の種類は、側桁、ささら桁、力桁に大きく分けることができる。段板の一方の端部を壁面で支持し、もう片方を桁で支持するなどして、デザインのバリエーションが生まれている。木造階段は大工工事で比較的容易に造作できるので、コストを低く抑えることができる。

木造階段（側桁方式）の基本構成

側桁階段は、段板を側面の桁材で挟み込む構造形式の階段である。図は蹴込み板のある直進（ストレート）側桁階段の例である。側桁材に稲妻状の欠き込みを入れ、そこに段板と蹴込み板を差し込み固定する。側桁の上下の端部を建物の躯体に固定するために、桁を受ける土台や梁を用意して金物により緊結する。蹴込み板がある階段は階段の下側を収納や部屋にするなど、階段空間と異なる要素の空間を立体的に兼用することができる。

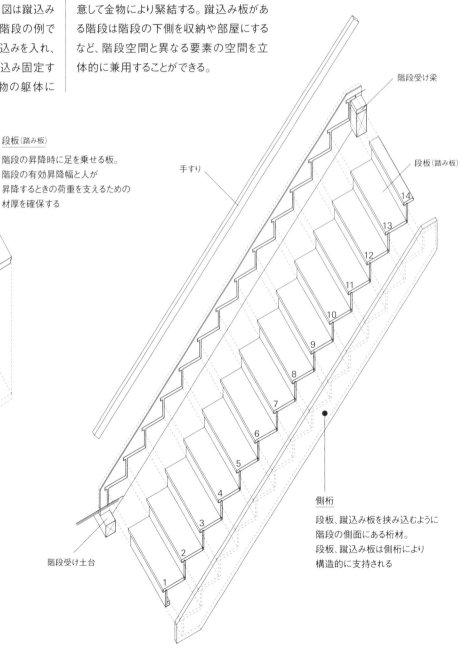

段板（踏み板）
階段の昇降時に足を乗せる板。
階段の有効昇降幅と人が
昇降するときの荷重を支えるための
材厚を確保する

階段受け梁

段板（踏み板）

手すり

蹴込み板
階段の段板（踏み板）の奥に
垂直に立ち上がる部分に
入れる板を蹴込み板という。
また、蹴込み板がなくても、
この部分のことを蹴込みと呼ぶ

階段受け土台

側桁
段板、蹴込み板を挟み込むように
階段の側面にある桁材。
段板、蹴込み板は側桁により
構造的に支持される

階段の躯体の接合部分

階段は側桁と躯体とを接合することで固定される。
木造の場合、側桁の両端部を受け土台や
受け梁に載せて金物（羽子板ボルト）等で固定する場合や、
桁材を壁面内の柱（間柱）に固定する場合がある。

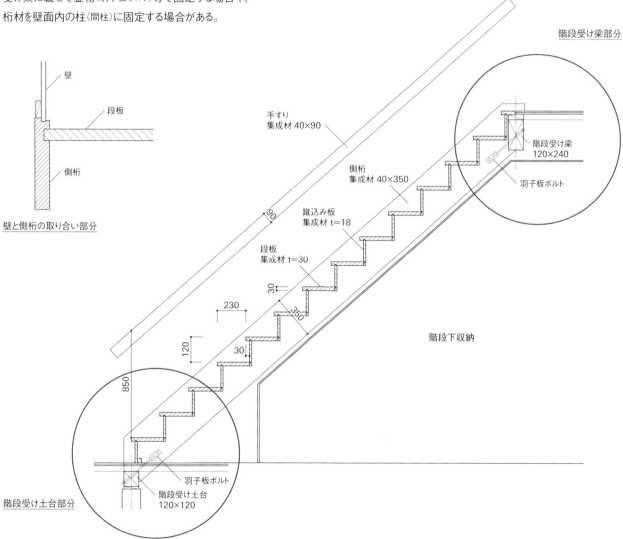

壁

段板

側桁

壁と側桁の取り合い部分

階段受け梁部分

手すり
集成材 40×90

側桁
集成材 40×350

蹴込み板
集成材 t=18

段板
集成材 t=30

90

230

30

350

120

30

850

階段受け梁
120×240

羽子板ボルト

階段下収納

羽子板ボルト

階段受け土台
120×120

階段受け土台部分

階段の構成材に無垢材を使用するときの注意点

木造階段に使用する材料としては、現在
は、変形の少ない集成材が一般的になっ
ている。

木造階段の材料として、木の無垢材を用
いると、収縮やくるい、暴れが起こる。無垢
材の階段をデザインする場合は、階段昇降
時のきしみが生じる状況を防ぐために「吸

付き桟」や「くさび」を用いた納め方や、同様
の役割をするような納まりを考えることが大
切である。

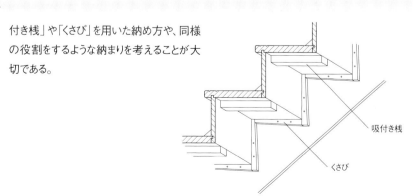

吸付き桟

くさび

木造階段の基本構成-2［側桁（蹴込み板なし）・ささら桁・力桁方式］

側桁方式（蹴込み板なし）の基本構成

蹴込み板のない側桁階段は、段板を側桁で挟み込んでいるので、昇降時に安心できる階段である。蹴込み板がないデザインは、水平方向の視線が通り軽やかな印象を与えることができる。空間を連続させ閉鎖的にしたくない場合や、光や風を通したいとき、階段下を収納などに利用しないときなどに選択される。

ささら桁方式の基本構成

ささら桁階段は、段板を下方からささら桁で支える階段の形式である。ささら桁の稲妻形状の動的な美しさと、段板のリズムが気持ちよく、その高い意匠性から玄関ホールやリビング等のパブリックな空間に採用されることが多い。

2本のささら桁で支える形式や1本のささら桁と壁面で支える形式等があり、またささら桁の形状や手すりの形状や取付け方等でデザイン性の高いさまざまなバリエーションの階段がつくられている。

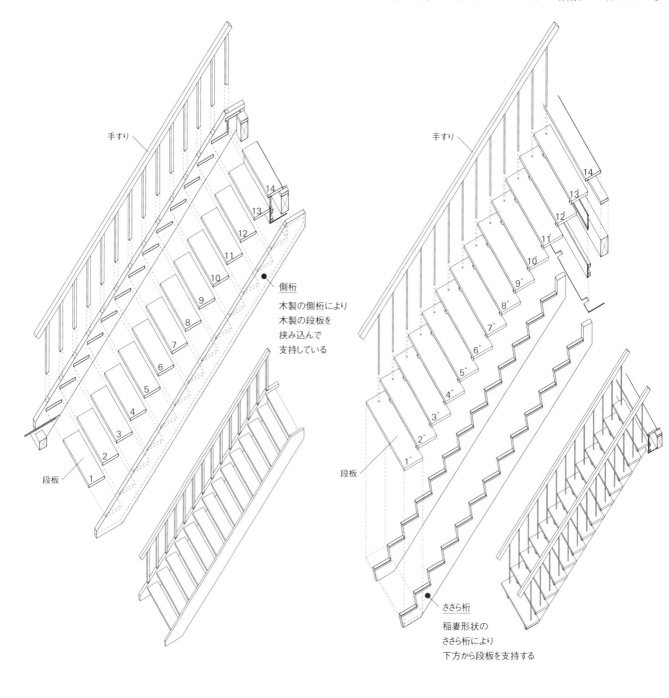

手すり

14
13
12
11
10
9
8
7
6
5
4
3
2
1

側桁
木製の側桁により
木製の段板を
挟み込んで
支持している

段板

手すり

14
13`
12`
11`
10`
9`
8`
7`
6`
5`
4`
3`
2`
1`

段板

ささら桁
稲妻形状の
ささら桁により
下方から段板を支持する

力桁方式の基本構成

力桁階段は、ささら桁階段の一種で、中央の力桁という大きな桁部材により段板を支える構造の階段である。力桁1本で段板を支えるため、昇降時に段板の端部でたわみが生じないように、段板の材厚を厚くする必要がある。力桁と段板の力強さが、空間に強い印象を与える、魅力のある階段である。

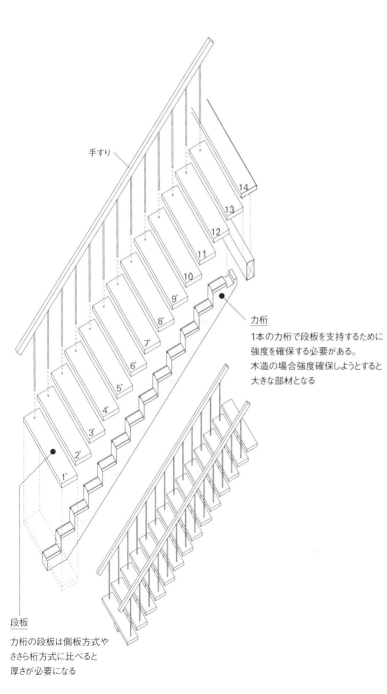

手すり

14
13
12
11
10
9'
8'
7'
6'
5'
4'
3'
2'
1'

力桁
1本の力桁で段板を支持するために
強度を確保する必要がある。
木造の場合強度確保しようとすると
大きな部材となる

段板
力桁の段板は側板方式や
ささら桁方式に比べると
厚さが必要になる

階段受け梁部分の接合例

階段受け梁
120×240

羽子板ボルト

桁受け梁に載せて金物で接合した事例

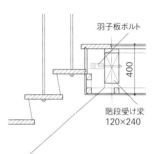

羽子板ボルト

400

階段受け梁
120×240

桁受け梁の側面付き金物で接合した事例

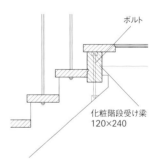

ボルト

化粧階段受け梁
120×240

桁受け梁の下端部を金物で接合した事例

階段受け土台部分の接合例

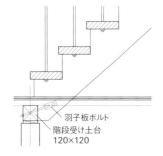

羽子板ボルト
階段受け土台
120×120

桁受け土台に載せ金物で接合

木造階段（壁面支持方式）の基本構成

木造回り階段は、平面形が1坪と小さく納めることができるため、都市部につくられるコンパクトな住宅に採用されるケースが多い。上図左側は側桁を使用した場合の回り階段の例である。上図右側のように壁面に囲まれた回り階段の場合は、桁材を使わなくても、壁の構造を利用することによ

り、段板を支持することができる。

桁材を使用しない階段の納め方として、壁内の柱と間柱の間に段板を支持するための材を取り付け、その上に段板を載せる方法がある。回り部分の中心部は、中心の柱に欠き込みの加工を施し、回転する段板を差し込んで固定する。接合部は壁の下

地と仕上げ、幅木を取り付ける。

また、壁面に段板を差し込んだだけの階段（蹴込みなし）の場合もこのような納まりをする。蹴込み板や側桁、幅木を取り付けないので、視線が抜けるデザイン的にもすっきりとしたシンプルなイメージの階段となる。

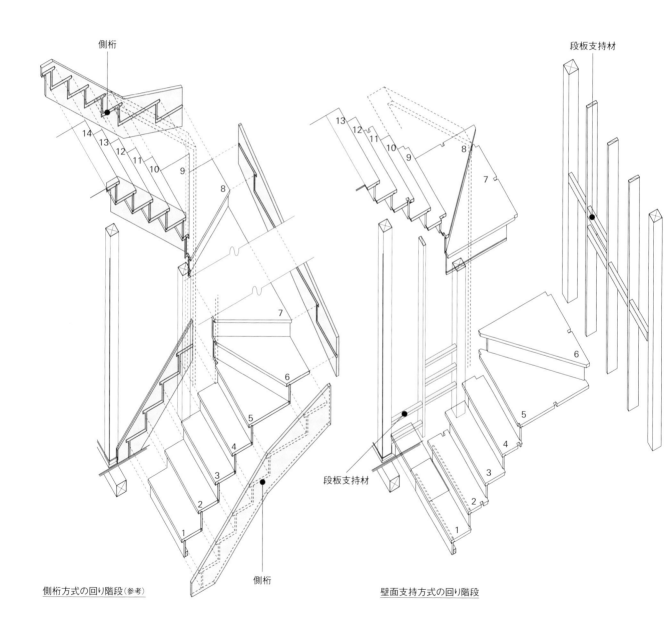

側桁方式の回り階段（参考）　　　　　　　壁面支持方式の回り階段

平面図

階段下収納

13 12 11 10 9   8

7

6

1 2 3 4 5

210   210

65

780

65

1,820

1,820

平面図

断面図

笠木
集成材 CL t=30

900

400

200

13

12

11

10

手すり
集成材 φ32

9

8

7

6

段板
集成材 t=30

5

210 30

4

蹴込み板
集成材 t=18

3

30 200

2

850

1

200

CH=2,400

210   210

断面図

段板回り部分の法的基準

回転の中心から半径300mmの位置で、踏み面150mm以上を確保すること。回り部分の段数は昇降するときの安全性を含めて計画することが大切である。

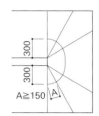

300

300

A≧150 A

段板の取り付け方

回り部分の中心部の柱に欠き込みの加工を施し、段板を差し込んでいく。

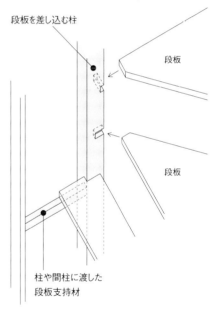

段板を差し込む柱

段板

段板

柱や間柱に渡した
段板支持材

壁面は段板を差し込んだ後に仕上げる。

壁面

段板

ハイブリッド階段の基本構成

近年の住宅の階段では鉄骨造または鉄と木を組み合わせて採用するケースが増えているように思う。鉄を用いることで、木造よりも材料の厚さを薄くでき、部材の接合部もシンプルに納めることができるため、軽やかなイメージの階段となる。ハイブリッド階段の基本は段板は木製であ

り、それを支える桁や吊り材、その他の部材は鉄を用いる。段板や手すりに木を使用することで足触りや手触りがやさしく、木造階段と同じ風合いにすることができ、階段全体の構造としては、鉄骨のもつ薄く、細く、細やかな印象でつくることができる。

木製段板＋鉄骨のハイブリッド階段（直進側桁階段）の基本構成

鉄部を木で目立たなく納めるものや、極限までシンプルに軽やかにつくられたものなど、多様なバリエーションが存在する。図は、段板の木板を側面の鉄骨プレートの桁材で挟み込む構造形式の階段である。プレート側桁に段板の端部を載せるための受け材プレートをあらかじめ溶接している。床と側桁の下端の接合は、側桁に取り付けてあるベースプレートを、躯体のスラブ面上にアンカー留めしている。置き床の仕上げなので接合部は隠れるようになっている。蹴上げ寸法が違わないように施工精度に注意する。

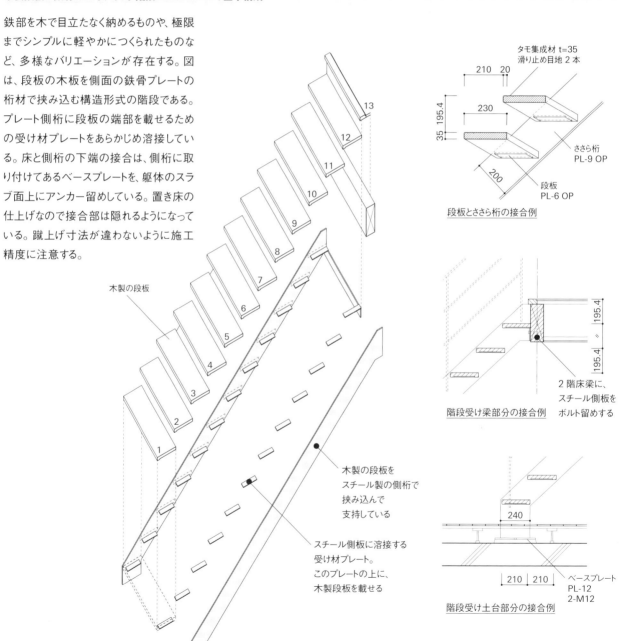

木製の段板

木製の段板を
スチール製の側桁で
挟み込んで
支持している

スチール側板に溶接する
受け材プレート。
このプレートの上に、
木製段板を載せる

タモ集成材 t=35
滑り止め目地 2 本

段板とささら桁の接合例

ささら桁
PL-9 OP

段板
PL-6 OP

2 階床梁に、
スチール側板を
ボルト留めする

階段受け梁部分の接合例

ベースプレート
PL-12
2-M12

階段受け土台部分の接合例

木製段板＋鉄骨のハイブリッド階段（直進吊り階段）の基本構成

図は木製の段板を壁側に差し込み、段板のもう片方の端部をスチールの丸鋼で吊るという構造の階段である。段板は、階段幅を考慮して人が昇降するために必要な耐力をもった厚さの材料を選ぶ。

吊り材は、スチールの丸鋼を使っているので、段板と丸鋼の接合部分を美しく、軽やかに見せるための納まりを考えることがとても重要になってくる。事例は上から見たときに段板にスチールの丸鋼だけが貫通したように見せるデザインとなっている。

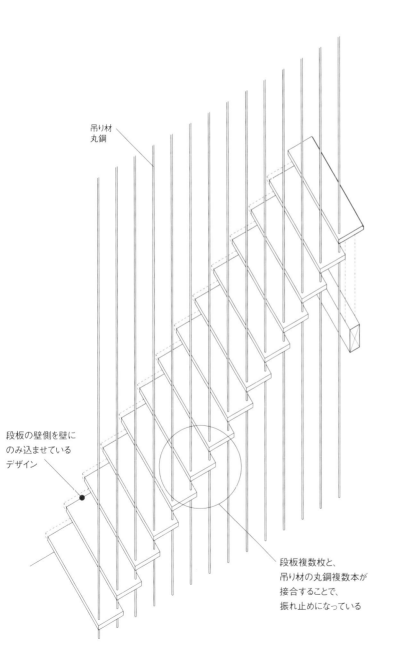

吊り材
丸鋼

段板の壁側を壁にのみ込ませているデザイン

段板複数枚と、
吊り材の丸鋼複数本が
接合することで、
振れ止めになっている

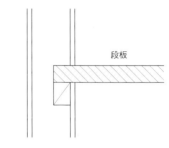

段板

<u>壁内の納まり</u>
段板を壁内に差し込み、壁内の受け材に載せる。

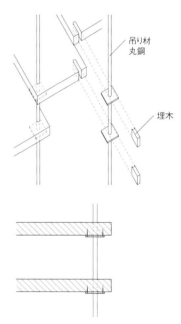

吊り材
丸鋼

埋木

<u>段板と吊り材の接合</u>
段板と吊り材（丸鋼）の接合は、丸鋼を段板の側面から差し込み、横から埋木を入れて、丸鋼にあるプレートと段板をビス留めする。

鉄骨造階段の基本構成

鉄骨造の階段は、鉄の強度を活かし部材を細く小さくすることができる。階段自体が軽やかな仕上がりとなるので空間にも軽やかさや透明感といったイメージを与えることができる。
デザインの自由度がとても高いので、当然ながらRC造や木造の建物でも採用されるケースが多い。鉄骨階段はその構造そのものの仕上げであり、デザインとして現れてくるので、部材同士の接合部のディテールや仕上がりの精度が重要になる。設計段階で接合部の詳細な検討を行い、現場でもしっかりとした施工管理をすることが重要である。

鉄骨造階段（直進側桁階段）の基本構成

スチール製の段板を側桁で挟み込み、階段の強度を確保している階段の例である。人に触れる段板の仕上げ材に木材を用いることで、スチールのもつ硬さや冷たさという印象を和らげる。スチール製の段板で強度は確保されているので段板の仕上げ材の材厚を薄くすることができる。

鉄骨造階段（片持ち階段）の基本構成

図のような段板を壁からの片持ちとした直進階段は、薄い材料でありながら、昇降に耐えうる強度を確保している鉄骨造階段の持ち味を活かしたデザインである。表面に出てくる部分の軽やかさを支えるための納まりを壁面内で行っている。階段のデザインとしてはかなりシンプルで純粋な形である。視線の見通しがよく、階段としては象徴的なデザインである。

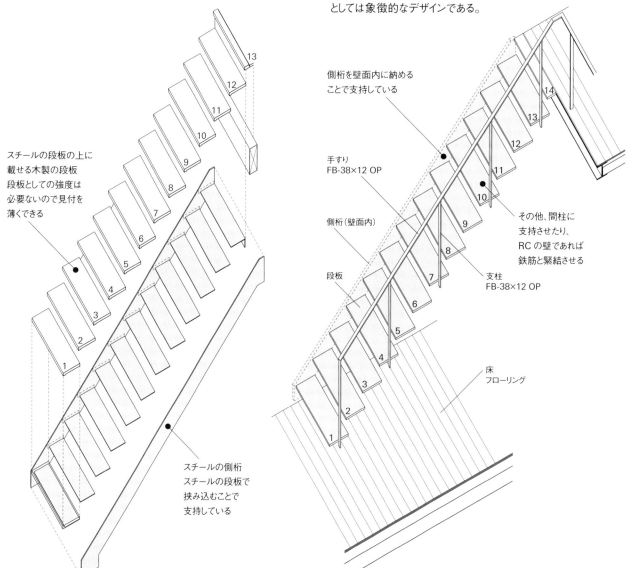

スチールの段板の上に
載せる木製の段板
段板としての強度は
必要ないので見付を
薄くできる

スチールの側桁
スチールの段板で
挟み込むことで
支持している

側桁を壁面内に納める
ことで支持している

手すり
FB-38×12 OP

側桁（壁面内）

段板

その他、間柱に
支持させたり、
RCの壁であれば
鉄筋と緊結させる

支柱
FB-38×12 OP

床
フローリング

鉄骨造階段（らせん階段）の基本構成

らせん階段は、平面形状が円形で中心の柱から各段板が環状になっている。柱を中心としてらせん状に旋回しながら上り下りをする階段である。上り下りのしやすさは、折返し階段や回り階段よりは劣るが設置面積がコンパクトで、何より流れるよ

うな美しい構造のフォルムは、インテリア空間のシンボルとなる。上下に動きながら同時に360°の視界の変化を楽しむことができる階段の形式である。

木製のらせん階段もあるが、住宅の階段ではスチール製のほうが納まりも比較的容

易で、軽やかなイメージから採用されるケースが多い。スチール製の直進側桁階段でもふれたように、スチールで軽やかな構造をつくり、人が直接触れる、段板仕上げ材や手すりには木を使うとよい。

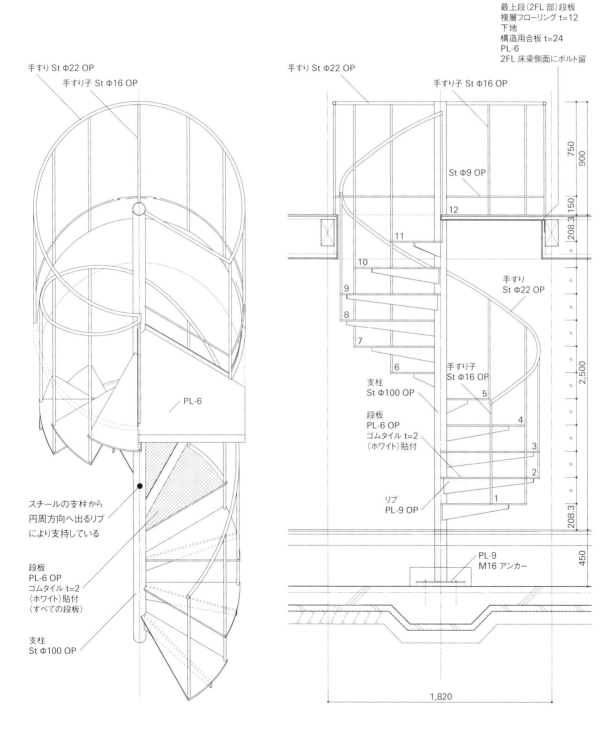

手すり St Φ22 OP
手すり子 St Φ16 OP

PL-6

スチールの支柱から
円周方向へ出るリブ
により支持している

段板
PL-6 OP
ゴムタイル t=2
（ホワイト）貼付
（すべての段板）

支柱
St Φ100 OP

最上段（2FL 部）段板
複層フローリング t=12
下地
構造用合板 t=24
PL-6
2FL 床梁側面にボルト留

手すり St Φ22 OP
手すり子 St Φ16 OP

St Φ9 OP

12
11
10
9
8
7
6
5
4
3
2
1

手すり
St Φ22 OP

手すり子
St Φ16 OP

支柱
St Φ100 OP

段板
PL-6 OP
ゴムタイル t=2
（ホワイト）貼付

リブ
PL-9 OP

PL-9
M16 アンカー

750
900
208.3
150
2,500
208.3
450

1,820

RC造階段の基本構成

RC造階段は、RC造の建築の壁や床と同じように、型枠をつくり鉄筋を配筋してコンクリートを流し込むことで出来上がる。建築が木造や鉄骨造ではRCでつくる地下や基礎部分以外で選択されることはほとんどなく、建築の躯体がRCの場合にRC造階段となることが多い。コンクリートの素材感を出しながら鉄筋のかぶり厚さを確保し、極限まで薄く仕上げたデザイン性の高い階段の例もある。手すりをどのように納めるかなど、他素材との接合部分がある場合は、そのディテールと施工の精度が重要になる。

RC造階段（直進階段）の基本構成

直進階段は、直線状に上り下りをする階段の形式である。階段のデザインとしてはシンプルで純粋な形である。図は、最も標準的なRC造階段の納まりである。コンクリートの仕上げのままにする場合もあるが、躯体のコンクリート打設後に表面を整えるためのモルタルを塗り、下地を調整して仕上げ材を設置している。

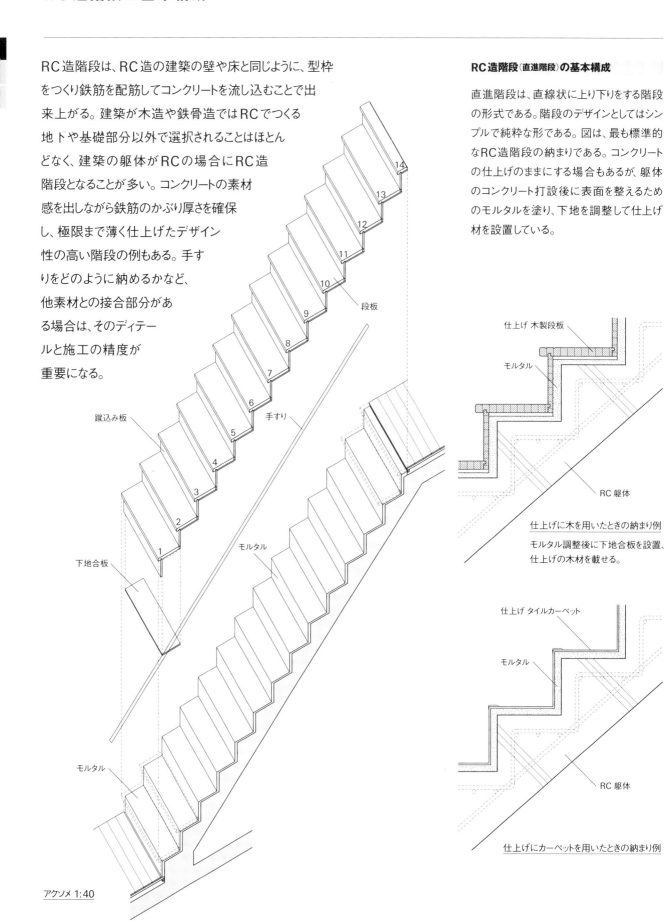

段板

蹴込み板

手すり

モルタル

下地合板

モルタル

アクソメ 1:40

仕上げ 木製段板

モルタル

RC 躯体

仕上げに木を用いたときの納まり例
モルタル調整後に下地合板を設置、仕上げの木材を載せる。

仕上げ タイルカーペット

モルタル

RC 躯体

仕上げにカーペットを用いたときの納まり例

RC造階段（折返し階段）の基本構成

折返し階段は、階高の中間の高さに踊り場（階段の途中で方向が変わる場合に設けられる）を設け、180°転回させて上り下りする階段の形式である。安全性が高く、上り下りのしやすい安心な階段形式である。踊り場をもつ平面形状は、直進階段に比べ、面積が多く必要となる。上り下りのときに視線の方向が変わるという空間体験ができる階段である。仕上げる場合、直進階段と同様にRC躯体を打設後にモルタルで高さなどを調整し、仕上げを木とする場合は、下地合板と段板と蹴込み板を設置する。石やタイルなどの場合は、モルタル調整後、石、タイルの仕上げを設置する。また、大判を使用するときには、その割付けに注意が必要となる。

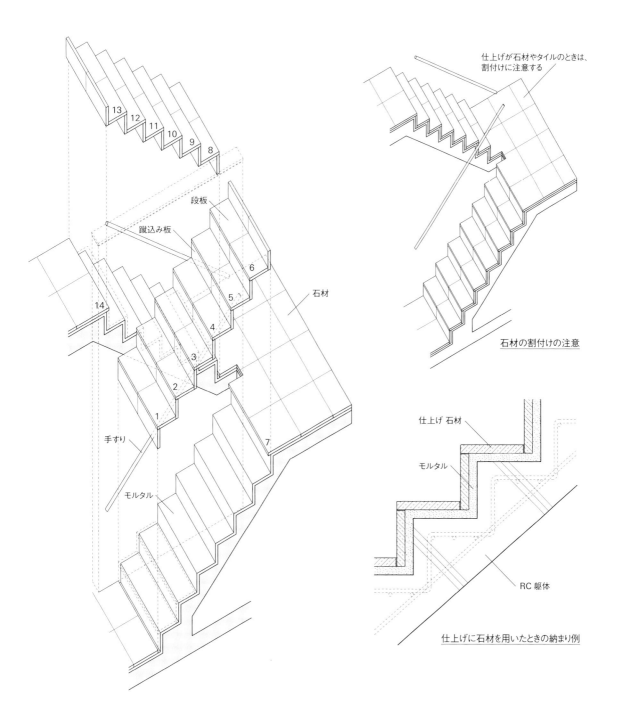

段板

蹴込み板

石材

14

13 12 11 10 9 8

6

5

4

3

2

1

7

手すり

モルタル

仕上げが石材やタイルのときは、割付けに注意する

石材の割付けの注意

仕上げ 石材

モルタル

RC 躯体

仕上げに石材を用いたときの納まり例

階段とは建物の上下にある床をつなぎ、人が上り下りするために設ける段々状の構造物のことである。

階段は段板、蹴込み板、側桁などによって構成されているが、そもそもの日本の階段は「梯子」のような簡易なものから発展したものだといわれている。弥生時代に建てられた登呂遺跡の校倉高床式建築の正面に1本の丸太を削ってつくったものが代表的な例である。

そのように考えると、日本の住まいの階段が、どうしてこれほど狭くて急な勾配になっているのかが理解できる。元々は平屋建てを原型とする日本の家では、階段の歴史が浅く、2階部分は物置や作業床で利用することが少なかったため、上り下りも梯子や、それよりいくらか発展した急な階段で十分であった。

しかし、階段は住宅内事故の発生が一番多い場所で、死亡者が出るほどである。

戦後、1950年に建築基準法が施行されて、初めて住宅の階段における最低寸法が明確に規定されることになる。階段の幅が750mm以上、蹴上げ230mm以下、踏み面150mm以上という寸法が決まる。住宅の柱割モジュールで使われる910mmを基準として、1間（1,820mm）で上りきることを想定して規定された。これはあくまで最低寸法であり、この寸法の階段では急で狭く安全とはいえないため、自然に昇降しやすい階段の考え方が出てきている。

高床式建築の階段

1本の丸太を削ってつくったもの

回り階段の法的基準

回転の中心から半径300mmの位置で踏み面150mm以上を確保すること。

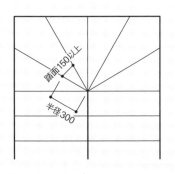

踏面150以上

半径300

手すりの設置義務

高齢化に伴う側方への転落防止と昇降時の補助のため、建築基準法で手すりの設置が定められている。

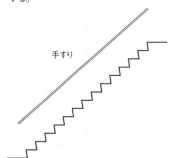

手すり

昇降しやすい階段の算定式

$$550mm \leqq 2R+T \leqq 650mm$$

（T：踏み面寸法、R：蹴上げ寸法）

を満たすように設計すると昇降しやすい自然な勾配の階段となる。

踏面（T）　蹴込寸法：30以上

蹴上（R）

スロープ、階段の勾配の目安

階段の角度はおおよそ20−55°くらいと幅があるが、住宅の場合は40−45°くらいにするのが一般的である。また、スロープは、10°以下の1/8、1/12、1/15の勾配となる。屋外では1/12、1/15が基本。

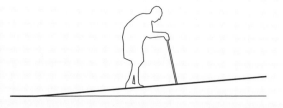

事例に見る
空間づくりと階段

⑴ 目黒本町の住宅

設計：トラフ建築設計事務所

本事例の空間構成→Chapter3｜p.090

本事例の空間構成→Chapter3｜p.090

地上3階建てRC造ビルのリノベーション。新たに一体の住居として計画された2−3階を、新設された階段と床の開口がつなぐ。2階中央に設けられた階段の箱は、上下を動線としてつなぐだけでなく、客間に向けた収納や、書斎スペースの本棚などの機能を盛り込むことで、周囲の余白の空間を特徴づけている。また、2階天井よりわずかに低いため、上下階を区切りつつ、隙間を介して上下階がゆるやかにつながり、箱の上部には、上下階のどちらでもない居場所がつくり出されている。

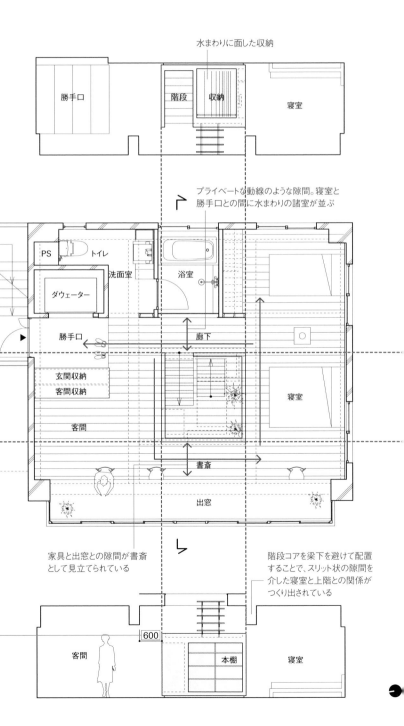

水まわりに面した収納

プライベートな動線のような隙間。寝室と勝手口との間に水まわりの諸室が並ぶ

客間に面した衣類の収納

家具と出窓との隙間が書斎として見立てられている

階段コアを梁下を避けて配置することで、スリット状の隙間を介した寝室と上階との関係がつくり出されている

階段を埋め込んだ家具と梁との隙間は、客間の一部でありながら、動線のようにも感じられる

2階平面図および家具まわりの展開図｜1:100

客間側から見た階段コア

2階平面の中央部付近に
配置された階段コア。
周囲に生じる隙間を、
それぞれのサイズに応じて
「客間」「書斎」「寝室」「廊下」に
見立てている。
階段コア側面には、
周囲の使い方に応じた
機能が埋め込まれている。

階段コア〔□□〕
上下階の〔□□□□〕
もない居場所

書斎に面した
本棚

ソリッドな印象の
階段コアを振り
込んだ衣類の
収納部

寝室

書斎

客間

階段コアに沿って、物陰のような
居場所同士の関係をつくり出し
ている

寝室に面した収納

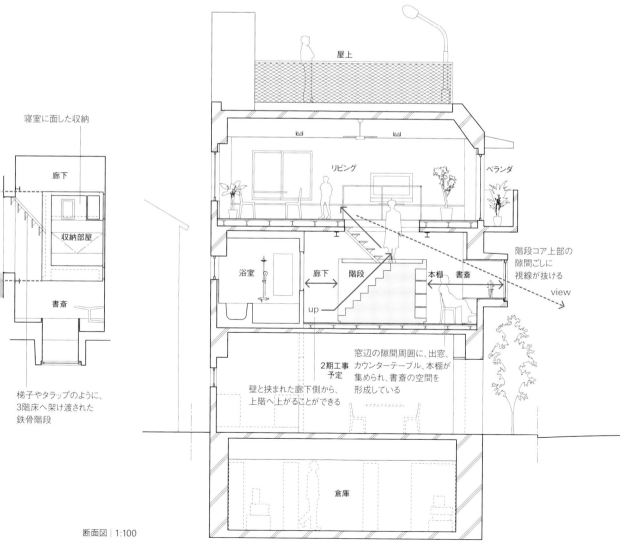

廊下

収納部屋

書斎

梯子やタラップのように、
3階床へ架け渡された
鉄骨階段

屋上

リビング

ベランダ

浴室

廊下

階段

本棚

書斎

階段コア上部の
隙間ごしに
視線が抜ける

view

up

2期工事
予定

壁と挟まれた廊下側から、
上階へ上がることができる

窓辺の隙間周囲に、出窓、
カウンターテーブル、本棚が
集められ、書斎の空間を
形成している

倉庫

断面図 | 1:100

⑫ 笠松の家

設計：佐々木勝敏建築設計事務所

シンプルな切妻ボリュームの中に、抽象化した「大樹のような空間（プライベートスペース）」と「樹の下のような空間（ファミリースペース）」という2つの領域が対比的に形成されている。なかでも、大樹にたとえたプライベートスペースは、幹のような階段周囲に、浴室、寝室、収納などが、枝葉の広がりのごとくらせん状に展開している。諸室同士の平・断面的なずれによって、ほどよい距離感を保ちながら、一体的な領域がつくり出されている。

階段空間の拡張が、1階にさまざまな天井高の空間をつくり出している

階段空間の凹凸が見られる1階ファミリースペース

寝室

収納

寝室

さまざまな床レベルの居場所同士を束ねる階段

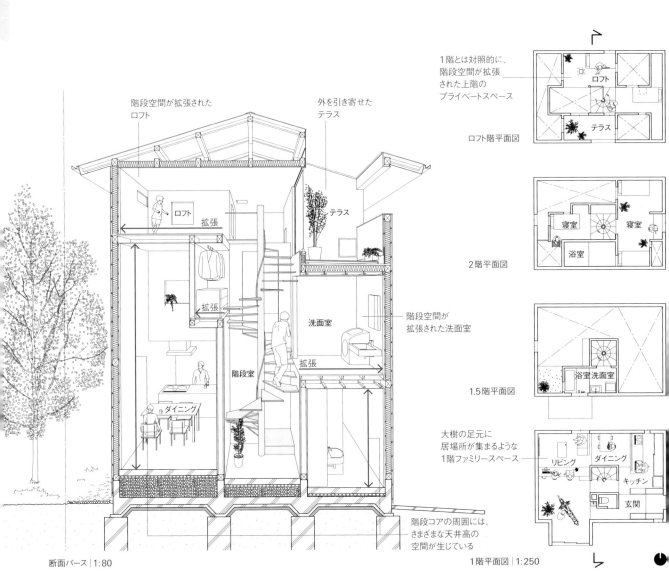

階段空間が拡張されたロフト

外を引き寄せたテラス

1階とは対照的に、階段空間が拡張された上階のプライベートスペース

ロフト

テラス

ロフト階平面図

ロフト

拡張

テラス

拡張

寝室

寝室

洗面室

浴室

2階平面図

階段空間が拡張された洗面室

階段室

拡張

浴室洗面室

1.5階平面図

ダイニング

大樹の足元に居場所が集まるような1階ファミリースペース

リビング

ダイニング

キッチン

玄関

階段コアの周囲には、さまざまな天井高の空間が生じている

断面パース｜1:80

1階平面図｜1:250

03 土橋邸

設計：妹島和世建築設計事務所

地下1階に地上3階、さらにその上に室のような屋上階という、5層に積み重ねられた空間が、床の開口と階段によって束ねられた住宅である。上下でずれた床の開口が、フロアごとに異なる位置に人の居場所を形成し、ゆれ動く居場所を追いかけるように、階段も吹抜けに沿って設けられている。このゆらめくような吹抜けと階段は、視点に応じて、全体を見通せる一体感と、床の向こう側の物陰のような奥行感を同時につくり出している。

開口の重なりによって、寝室から見通しのよいキッチン

寝室

階段の向こう側に垣間見える食卓

リビングダイニング

洗面

寝室から、床の裏側の影のような吹抜け

3階から吹抜けを見下ろす

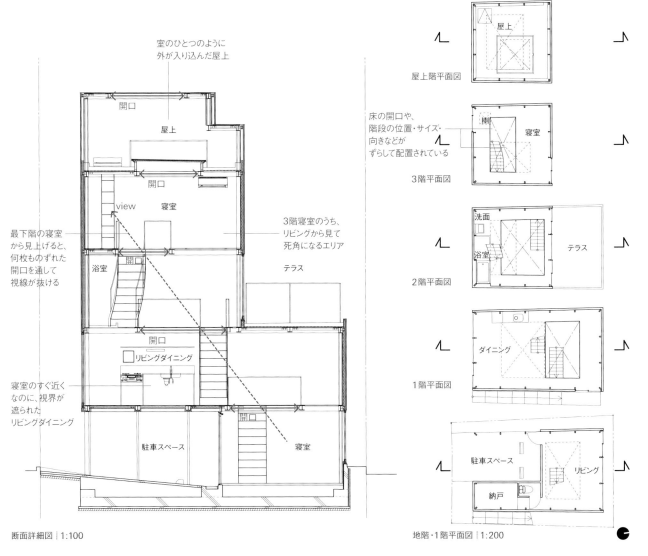

室のひとつのように外が入り込んだ屋上

開口

屋上

開口

view　寝室

浴室

開口

リビングダイニング

駐車スペース

寝室

最下階の寝室から見上げると、何枚ものずれた開口を通して視線が抜ける

寝室のすぐ近くなのに、視界が遮られたリビングダイニング

3階寝室のうち、リビングから見て死角になるエリア

テラス

断面詳細図｜1:100

屋上階平面図

3階平面図

2階平面図

1階平面図

地階・1階平面図｜1:200

屋上

寝室

洗面

浴室

テラス

ダイニング

駐車スペース

リビング

納戸

床の開口や、階段の位置・サイズ・向きなどがずらして配置されている

⑭ 武蔵関の家

設計:堀部安嗣建築設計事務所

四隅に居室や機能を納めたボリュームを配し、それらを本棚のある階段室によって縫い合わせたような構成の住宅である。らせん状に諸室を連ねながら上昇していく階段室の空間は、暗がりのような場所で本を探す下層部から、いつしか白い壁に囲まれて、上部トップライトからの光にあふれる上層部へと変化する。この階段室とその周囲には、建て主の要望である「本とともにある生活」が展開する空間が形成されている。

階段室の下層階では本棚の切れ目から各室へとアクセスする

階段室の吹抜けごしに本棚に囲まれた下層階を見下ろす

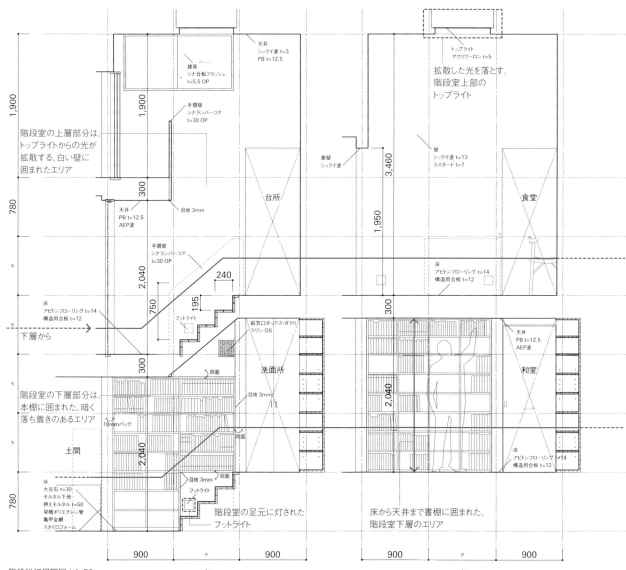

天井
シックイ塗 t=3
PB t=12.5

建具
シナ合板フラッシュ
t=5.5 OP

手摺壁
シナランバーコア
t=30 OP

トップライト
アクリワーロン t=5

拡散した光を落とす、階段室上部のトップライト

階段室の上層部分は、トップライトからの光が拡散する、白い壁に囲まれたエリア

垂壁
シックイ塗

壁
シックイ塗 t=13
ラスボード t=7

天井
PB t=12.5
AEP塗

目地 3mm

台所

食堂

手摺壁
シナランバーコア
t=30 OP

床
アビトンフローリング t=14
構造用合板 t=12

床
アビトンフローリング t=14
構造用合板 t=12

240

195

750

フットライト

給気ロボックス・ガラリ
ラワン OS

洗面所

目地 3mm

天井
PB t=12.5
AEP塗

和室

階段室の下層部分は、本棚に囲まれた、暗く落ち着きのあるエリア

10mmバック

同面

床
アビトンフローリング t=14
構造用合板 t=12

土間

同面

目地 3mm

同面

フットライト

床
大谷石 t=30
モルタル下地
押えモルタル t=50
架橋ポリエチレン管
亀甲金網
スタイロフォーム

階段室の足元に灯されたフットライト

床から天井まで書棚に囲まれた、階段室下層のエリア

900 / 900 / 900 / 900

配置図兼1階平面図 | 1:200　　　　　2階平面図　　　　　屋根裏部屋階平面図

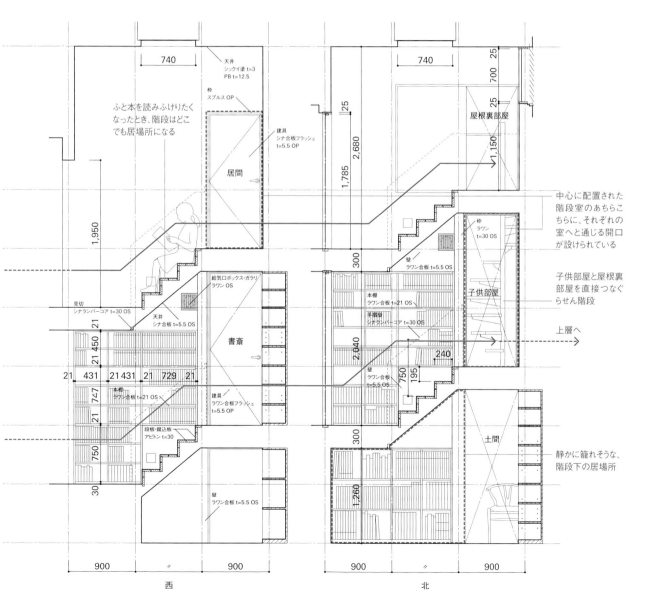

天井
シックイ塗 t=3
PB t=12.5

枠
スプルス OP

建具
シナ合板フラッシュ
t=5.5 OP

ふと本を読みふけりたく
なったとき、階段はどこ
でも居場所になる

居間

屋根裏部屋

中心に配置された
階段室のあちらこ
ちらに、それぞれの
室へと通じる開口
が設けられている

子供部屋と屋根裏
部屋を直接つなぐ
らせん階段

上層へ

給気ロボックス・ガラリ
ラワン OS

見切
シナランバーコア t=30 OS

天井
シナ合板 t=5.5 OS

書斎

子供部屋

枠
ラワン
t=30 OS

壁
ラワン合板 t=5.5 OS

本棚
ラワン合板 t=21 OS

手摺壁
シナランバーコア t=30 OS

本棚
ラワン合板 t=21 OS

建具
ラワン合板フラッシュ
t=5.5 OP

壁
ラワン合板
t=5.5 OS

段板・蹴込板
アビトン t=30

土間

壁
ラワン合板 t=5.5 OS

静かに籠れそうな、
階段下の居場所

西　　　　　　　　　　北

⑤ ある家

設計：aat＋ヨコミゾマコト建築設計事務所

本事例の空間構成→Chapter3｜p.118

4層積み重ねた床上の居場所を、外壁に沿わせた階段でつないだ住宅。たとえば1階から2階へ上がると、水面上に顔を出すように、天井高5mの開放的なスペースBに出る。さらに上階から漏れ落ちる光をたよりに3階へ上がると、吹抜けごしに墓地を見下ろす高台のようなスペースCに至る。このように、一見シンプルな全体構成の中にも、諸室ごとの空間的な特徴が、階段シークエンスでの体験に豊かな変化をつくり出している。

2｜居場所同士を一筆書きでつなぐ階段

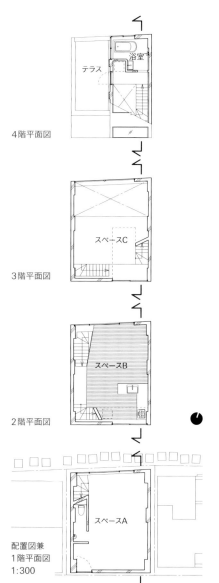

4階平面図

3階平面図

2階平面図

配置図兼
1階平面図
1:300

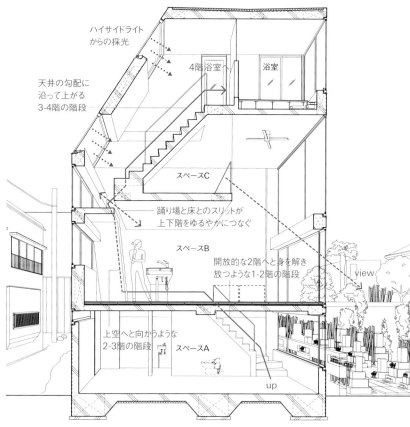

ハイサイドライト
からの採光

天井の勾配に
沿って上がる
3-4階の階段

4階浴室へ　浴室

スペースC

踊り場と床とのスリットが
上下階をゆるやかにつなぐ

スペースB

開放的な2階へと身を解き
放つような1-2階の階段

view

上空へと向かうような
2-3階の階段　スペースA

up

断面パース｜1:100

4階浴室へ

スペースC

3階床と踊り場との
間のスリット

スペースB

2階床からレベル差が
設けられた踊り場

2-3階フロアを回り込む階段

⑥ 元斜面の家

設計：畑友洋建築設計事務所

海と山とを結ぶ南向きの斜面に建ち、既存古屋の鉄筋コンクリート基礎や、造成された土地の形状を継承しながら、開発前の斜面の姿を、建築空間として復元した住宅。当初の斜面の輪郭をなぞった一枚屋根の下には、小分けにされたひな壇状の床が設けられ、それらを地形のような階段がつなぎ合わせている。この斜面を登り降りするような暮らしは、急傾斜を蛇行したり、不意に視界が抜けたりといった、斜面での体験を取り戻している。

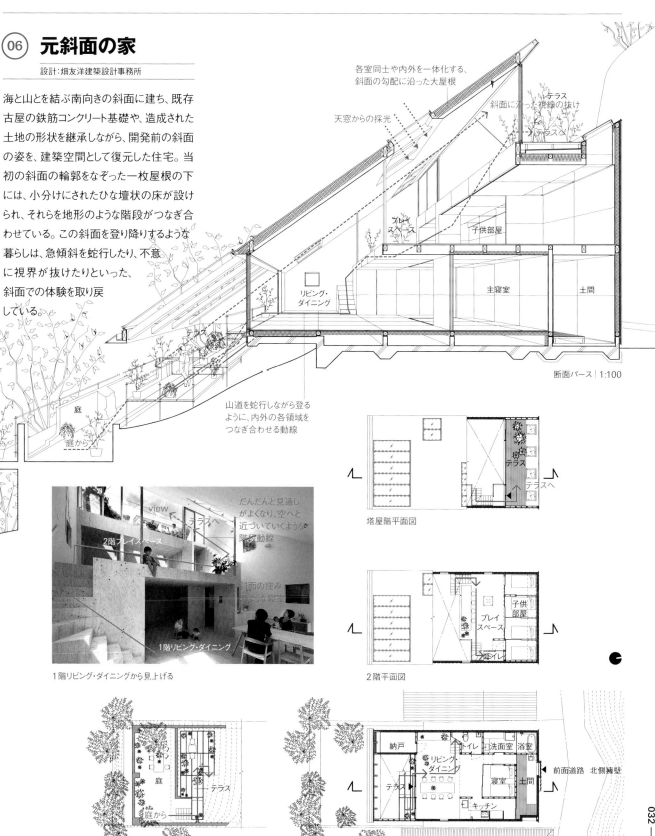

各室同士や内外を一体化する、斜面の勾配に沿った大屋根

天窓からの採光

斜面に沿った視線の抜け

テラス

テラス

プレイスペース

子供部屋

リビング・ダイニング

主寝室

土間

庭

庭から

断面パース｜1:100

山道を蛇行しながら登るように、内外の各領域をつなぎ合わせる動線

塔屋階平面図

2階プレイスペース

だんだんと見通しがよくなり、空へと近づいていくような階段動線

斜面の窪みのような寝室

1階リビング・ダイニング

1階リビング・ダイニングから見上げる

2階平面図

プレイスペース

子供部屋

トイレ

庭

テラス

庭から

1階平面図（GL−2,630）｜1:250

納戸

トイレ

洗面室

浴室

リビング・ダイニング

テラス

寝室

土間

前面道路 北側擁壁

キッチン

1階平面図（GL＋461）

07 茶屋が坂の家

設計：近藤哲雄建築設計事務所

サイズやプロポーションの異なる7つの箱を、上下左右にずらして足し合わせた全体形をもつ住宅である。箱同士が融合した室内空間は、全体がワンルームとしてつながりつつ、個々の空間は、ひだ状のコーナーとして分節されている。これら立体的に点在する空間同士は、階段と踊り場による一連の動線によってつながっている。それは、空間同士を縫い合わせるかのように、住宅の中央付近へとたぐり寄せているようだ。

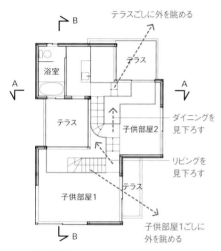

テラスごしに外を眺める

ダイニングを見下ろす

リビングを見下ろす

子供部屋1ごしに外を眺める

2階平面図

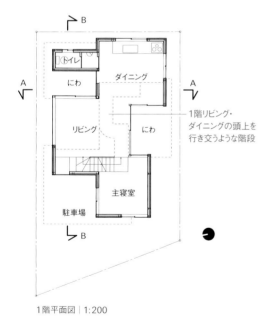

1階リビング・ダイニングの頭上を行き交うような階段

1階平面図｜1:200

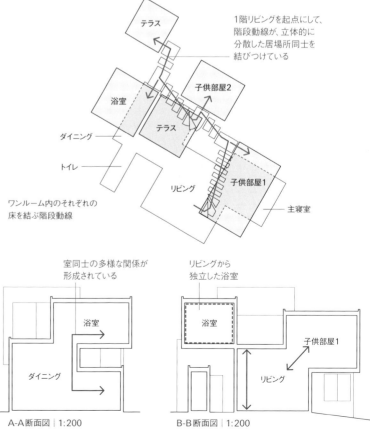

階段の道筋付近に集まった諸室の関係

テラスとその先の外を見据える

テラスごしに外が近づく

1階リビングを見下ろす

1階リビングを起点にして、階段動線が、立体的に分散した居場所同士を結びつけている

ワンルーム内のそれぞれの床を結ぶ階段動線

室同士の多様な関係が形成されている

浴室

ダイニング

A-A断面図｜1:200

リビングから独立した浴室

浴室

子供部屋1

リビング

B-B断面図｜1:200

⑧ O邸

設計：中山英之建築設計事務所

リビングと寝室を納めた中央の母屋と、その
まわりに屋根をさし掛け、食卓やキッチン、バ
スタブなどの機能を配置した下屋から構成
された住宅である。母屋の空間全体を包む
外壁仕上げによって、母屋は完結した「室
内」の印象を醸し出し、下屋に配された居
場所を「外側」に感じさせる。この住宅の階
段は、母屋の外側から上りはじめる。ねじれ
た階段が外壁の開口を通過すると、一瞬リ
ビングの上部をかすめつつ、プライベートな
寝室へ導く。

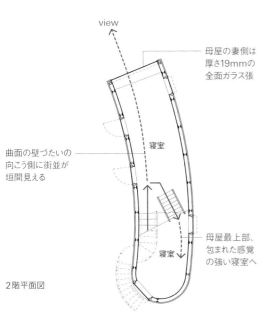

母屋の妻側は
厚さ19mmの
全面ガラス張

曲面の壁づたいの
向こう側に街並が
垣間見える

寝室

寝室

母屋最上部、
包まれた感覚
の強い寝室へ

2階平面図

母屋の外壁仕上げが
室内まで連続する

母屋の内側へと階段が
吸い込まれていくよう

西庭

南庭

ダイニングキッチン

ダイニングキッチンから母屋と2つの庭をのぞむ

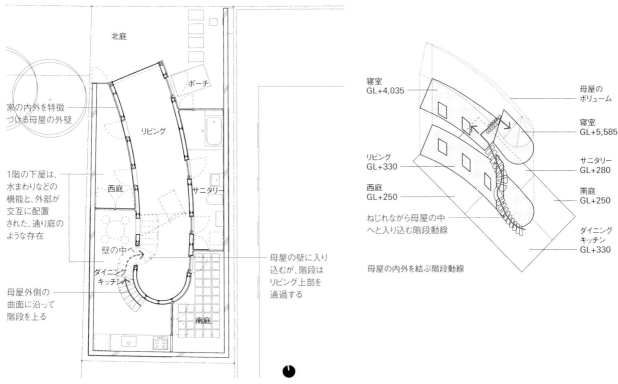

北庭

ポーチ

家の内外を特徴
づける母屋の外壁

リビング

西庭

サニタリー

1階の下屋は、
水まわりなどの
機能と、外部が
交互に配置
された、通り庭の
ような存在

壁の中へ

ダイニング
キッチン

母屋外側の
曲面に沿って
階段を上る

南庭

母屋の壁に入り
込むが、階段は
リビング上部を
通過する

1階平面図｜1:150

寝室
GL+4,035

リビング
GL+330

西庭
GL+250

ねじれながら母屋の中
へと入り込む階段動線

母屋の
ボリューム

寝室
GL+5,585

サニタリー
GL+280

南庭
GL+250

ダイニング
キッチン
GL+330

母屋の内外を結ぶ階段動線

⑨ 裏庭の家

設計：松岡聡＋田村裕希

本事例の空間構成→Chapter3｜p.116

母屋の裏庭に建つ、9.5m×2mの矩形平面と、母屋との隙間に設けた階段からなる住宅。諸室が配される矩形平面は、奥行の薄さゆえ、すべての空間が階段と接することになる。つぶれた扇形をした階段は、母屋との間や、ワンルーム内同士のバッファとなる。同時に、大きく変化する踏み面寸法が、上下の居場所同士に、遠回りにつながるルートや、直視はできないものの急激に接近した関係など、多様な距離感をつくり出している。

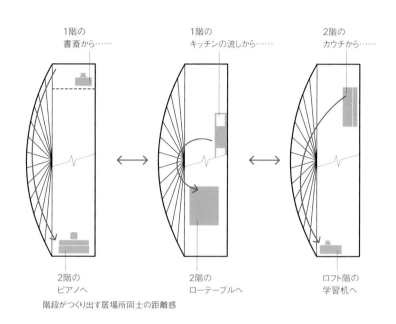

1階の書斎から……　→　2階のピアノへ

1階のキッチンの流しから……　→　2階のローテーブルへ

2階のカウチから……　→　ロフト階の学習机へ

階段がつくり出す居場所同士の距離感

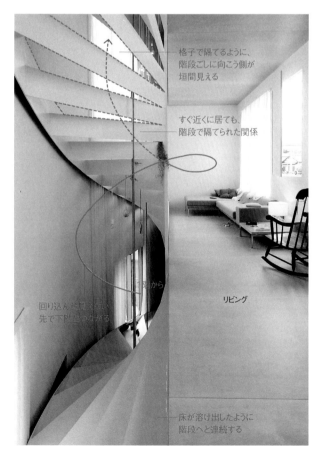

格子で隔てるように、階段ごしに向こう側が垣間見える

すぐ近くに居ても、階段で隔てられた関係

1階から

回り込んだ長い階段の先で下階につながる

リビング

床が溶け出したように階段へと連続する

2階リビングから上下に展開する階段を見る

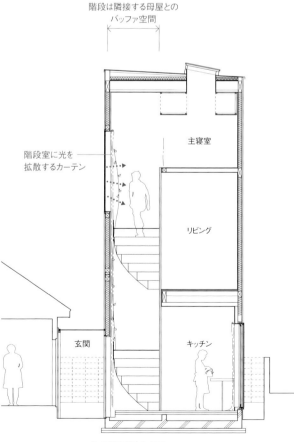

階段は隣接する母屋とのバッファ空間

階段室に光を拡散するカーテン

主寝室

リビング

玄関

キッチン

A-A断面図｜1:100

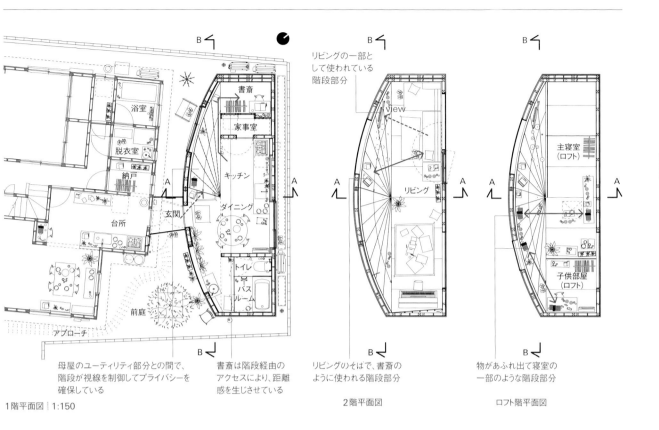

書斎

家事室

キッチン

ダイニング

浴室

脱衣室

納戸

台所

玄関

トイレ

バス
ルーム

前庭

アプローチ

母屋のユーティリティ部分との間で、
階段が視線を制御してプライバシーを
確保している

書斎は階段経由の
アクセスにより、距離
感を生じさせている

1階平面図｜1:150

リビングの一部と
して使われている
階段部分

view

リビング

リビングのそばで、書斎の
ように使われる階段部分

2階平面図

主寝室
（ロフト）

子供部屋
（ロフト）

物があふれ出て寝室の
一部のような階段部分

ロフト階平面図

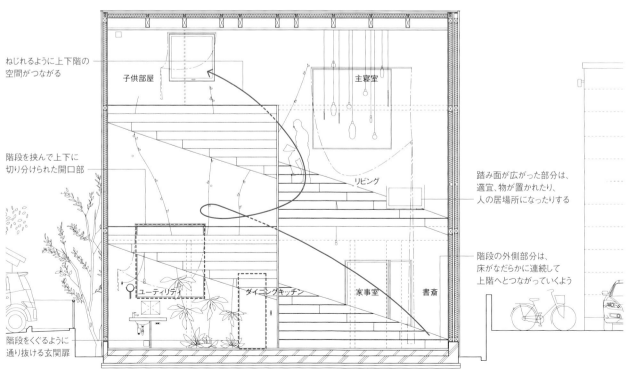

ねじれるように上下階の
空間がつながる

階段を挟んで上下に
切り分けられた開口部

階段をくぐるように
通り抜ける玄関扉

子供部屋

主寝室

リビング

ユーティリティ

ダイニングキッチン

家事室

書斎

踏み面が広がった部分は、
適宜、物が置かれたり、
人の居場所になったりする

階段の外側部分は、
床がなだらかに連続して
上階へとつながっていくよう

B-B断面図｜1:100

⑩ 未完の住まい

設計：山﨑健太郎デザインワークショップ

コの字形に開いた2階建ての箱×4つと、それらの間に生じた隙間で構成された住宅。1階中央のリビングから、分散配置された箱の2階へは、それぞれ3カ所もの階段でアクセスする。ふつう、階段が多いと存在感や圧迫感が強まってしまうものだが、この住宅では、造作家具となじませたり、踏み台として分節したり、あるいは、箱同士の物陰のような隙間に配されることによって、階段が溶け込んだ室内空間が形成されている。

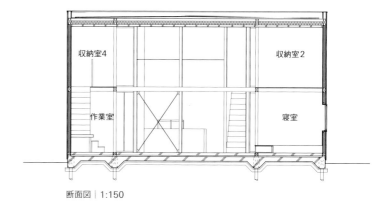

断面図｜1:150

造付けのテーブル上に設けられた鉄骨階段

階段の踊り場を兼ねた作業台

たまたまそこに置かれたような踏み台は、階段の一部

ボリューム同士の隙間に納められた階段。1階レベルでは、隣家との間をほどよく仕切る

隙間に潜り込むように上っていく階段

作業室・収納室4の
ボリュームを見る

階段がテーブル、
踏み台に分節され、
造作や家具の
一部のように見えることで、
空間の中での存在感を
弱めている

ボリューム内の上の
居場所と床上での
わずかな移動で
下階との距離感が
変化する

家具のような踏み台や、テーブルセット
となった踊り場を経由して上る階段

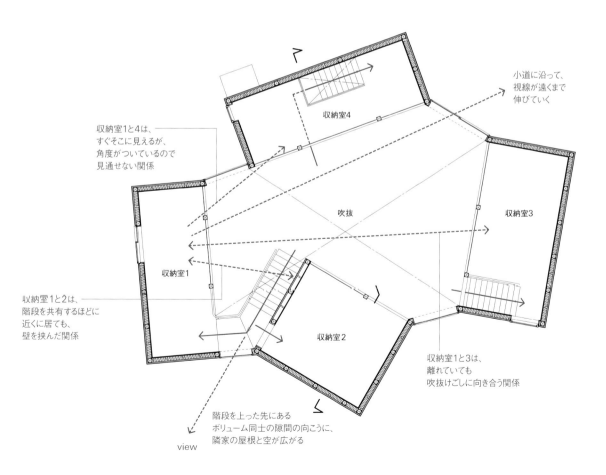

小道に沿って、
視線が遠くまで
伸びていく

収納室4

収納室1と4は、
すぐそこに見えるが、
角度がついているので
見通せない関係

吹抜

収納室3

収納室1

収納室1と2は、
階段を共有するほどに
近くに居ても、
壁を挟んだ関係

収納室2

収納室1と3は、
離れていても
吹抜けごしに向き合う関係

階段を上った先にある
ボリューム同士の隙間の向こうに、
隣家の屋根と空が広がる

view

2階平面図

⑪ ondo

設計：間田真矢＋間田央／MAMM DESIGN

外が通り抜けるような3つの筒状空間と、それらをつなぐ隙間の空間とで構成された、住宅＋カフェの建築である。とりわけ後者の隙間の空間は、比較的閉じた暮らしの場であり、上下階をつなぐ階段空間でもある。縦穴のように延長された隙間には、それぞれに軽やかな鉄骨階段が挿入されている。それは上下の移動だけでなく、トップライトからの光を、グレーチングごしに通過させ、下階まで柔らかに落とす役割も担っている。

光に導かれるように頭上ボリューム内の開放的なリビングへ

隙間を通してトップライトからの光が落ちてくる

下階へ光を通すグレーチングの踊り場

ファミリールーム

2階ファミリールームと上下階とのつながり

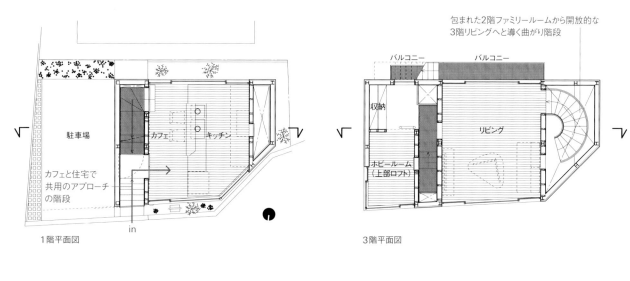

1階平面図

駐車場

カフェ

キッチン

カフェと住宅で共用のアプローチの階段

in

包まれた2階ファミリールームから開放的な3階リビングへと導く曲がり階段

バルコニー　バルコニー

収納

リビング

ホビールーム（上部ロフト）

3階平面図

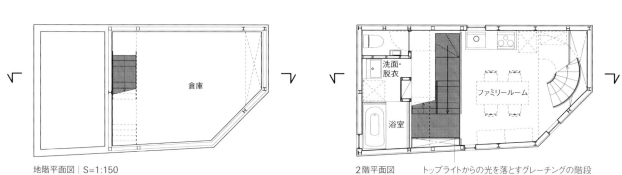

地階平面図｜S＝1:150

倉庫

2階平面図　トップライトからの光を落とすグレーチングの階段

洗面・脱衣

浴室

ファミリールーム

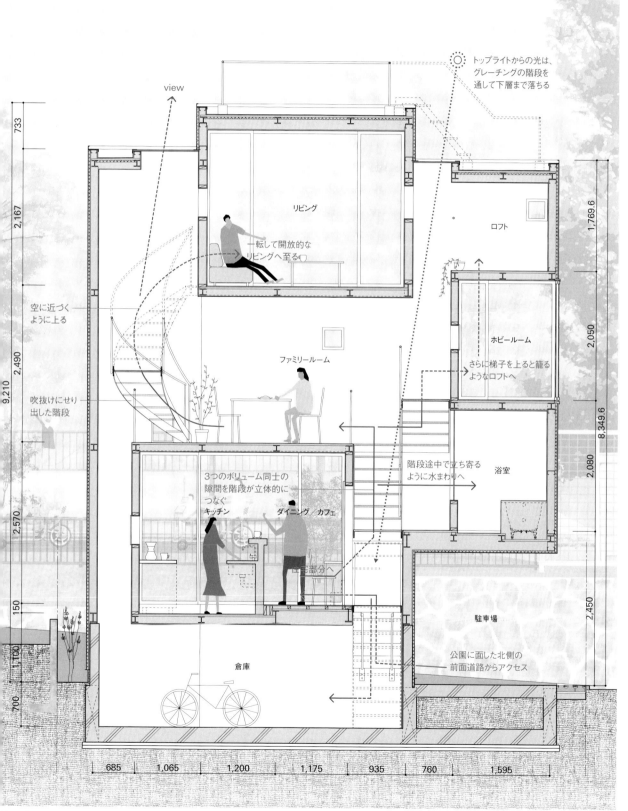

トップライトからの光は、
グレーチングの階段を
通して下層まで落ちる

733

2,167

view

リビング

一転して開放的な
リビングへ至る

ロフト

1,769.6

空に近づく
ように上る

ファミリールーム

ホビールーム

さらに梯子を上ると籠る
ようなロフトへ

2,050

9,210

2,490

吹抜けにせり
出した階段

3つのボリューム同士の
隙間を階段が立体的に
つなぐ

キッチン

ダイニング／カフェ

階段途中で立ち寄る
ように水まわりへ

浴室

8,349.6

2,080

2,570

□□部分へ

150

倉庫

駐車場

2,450

公園に面した北側の
前面道路からアクセス

1,100

700

685 | 1,065 | 1,200 | 1,175 | 935 | 760 | 1,595

断面図 | 1:50

⑫ S博士の家

設計：SOY source建築設計事務所

2×10材による鳥かご状のモノコック構造でつくられた大きな箱の中に、三次元的にさまざまな床レベルが配置されている。小刻みに変化する床レベルは、時には掘りごたつになり、またある場所では本棚のかたわらの居場所に見立てられる。住宅全体が複雑に枝分かれする階段のようであり、あちこちに散在する踊り場や踏み板の上が、その時々で暮らしの場に変わる。その結果、ワンルームの箱の中に、階段状に連なる居場所同士の関係がつくり出されている。

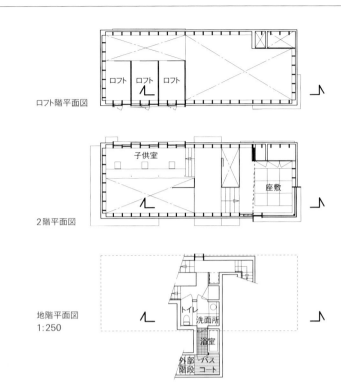

ロフト階平面図

2階平面図

地階平面図
1:250

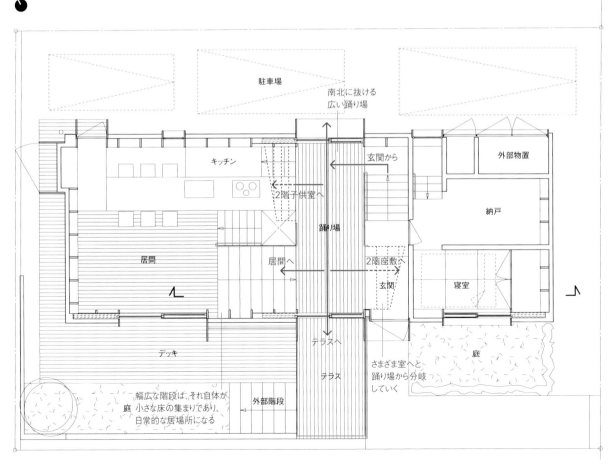

南北に抜ける広い踊り場

2階子供室へ

駐車場

キッチン

玄関から

外部物置

居間へ

踊り場

納戸

2階座敷へ

居間

玄関

寝室

さまざま室へと踊り場から分岐していく

デッキ

テラスへ

テラス

庭

外部階段

幅広な階段は、それ自体が小さな床の集まりであり、日常的な居場所になる

1階平面図｜1:100

居間から踊り場を見る

階段が立体的に隅々にまで行き渡り、
住宅全体が、階段と踊り場だけで
できているようでもある。
また、階段自体が生活の時々で、
床になったり、腰掛けとして
見立てたりすることができる

階段を上った
先に抜けていく
座敷の開口

座敷

踊り場

テラスへ

玄関へ

キッチン

高さと幅が階段のピッチ
2段分に揃えられた棚

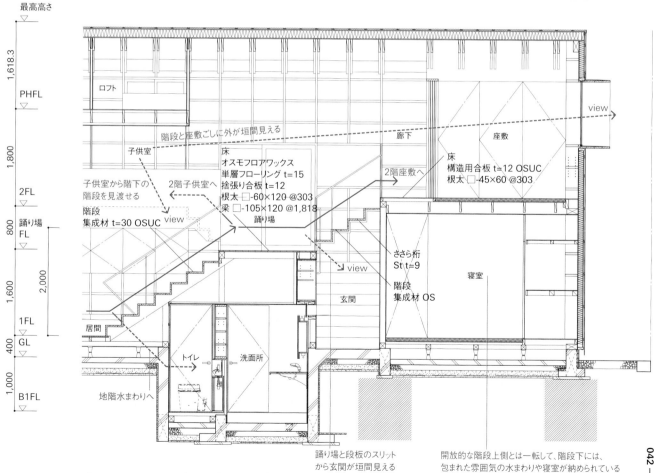

最高高さ

1,618.3

PHFL

ロフト

階段と座敷ごしに外が垣間見える

view

1,800

子供室

廊下

座敷

床
オスモフロアワックス
単層フローリング t=15
捨張り合板 t=12
根太 □-60×120 @303
梁 □-105×120 @1,818

床
構造用合板 t=12 OSUC
根太 □-45×60 @303

2FL

子供室から階下の
階段を見渡せる

2階子供室へ

2階座敷へ

800
踊り場
FL

階段
集成材 t=30 OSUC

view

踊り場

view

ささら桁
St t=9

階段
集成材 OS

寝室

1,600

2,000

玄関

1FL

居間

GL

400

トイレ

洗面所

1,000

B1FL

地階水まわりへ

踊り場と段板のスリット
から玄関が垣間見える

開放的な階段上側とは一転して、階段下には、
包まれた雰囲気の水まわりや寝室が納められている

1,818　　606　　909　　909　　1,212　　909　　　　909

断面詳細図｜1:70

⑬ SORANOEN

設計：岸本和彦／acaa

階段状に上がる床面を境にして、上に家族のパブリックな空間、下にプライベートな空間が配置された住宅。なかでも上側の空間は、踊り場のような3段のフロアと、4つのBOXで構成されている。そこでは、深く包まれるような「下の居場所」で思索にふけったり、平場のような「中の居場所」で斜面を背にひと休みしたり、「上の居場所」で高台からの眺望に時を忘れたりなど、その都度、地形の上に行為と居場所を見立てるような暮らしが想定されている。

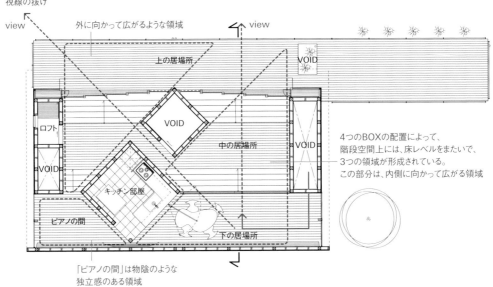

BOXの隙間を通過した
視線の抜け

外に向かって広がるような領域

view

上の居場所

view

VOID

ロフト

VOID

VOID

中の居場所

VOID

キッチン部屋

4つのBOXの配置によって、
階段空間上には、床レベルをまたいで、
3つの領域が形成されている。
この部分は、内側に向かって広がる領域

ピアノの間

下の居場所

2階平面図

「ピアノの間」は物陰のような
独立感のある領域

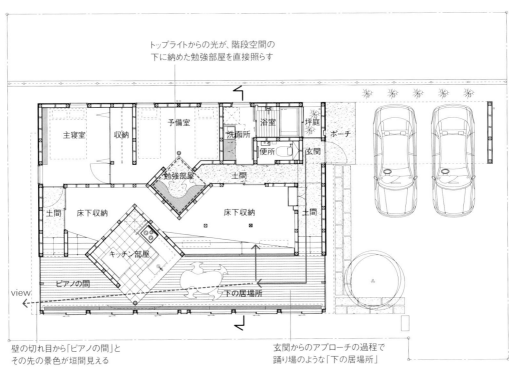

トップライトからの光が、階段空間の
下に納めた勉強部屋を直接照らす

予備室

浴室

坪庭

主寝室

収納

洗面所

ポーチ

便所

玄関

勉強部屋

土間

土間

床下収納

床下収納

土間

キッチン部屋

view

ピアノの間

下の居場所

壁の切れ目から「ピアノの間」と
その先の景色が垣間見える

玄関からのアプローチの過程で
踊り場のような「下の居場所」

「下の居場所」から見た階段上部の空間

階段と踊り場からなる、
傾斜した地形のような区間に身を置き、
その時々の活動や気分に応じて、
居場所を選択することができる

上の居場所

view

中の居場所

下の居場所

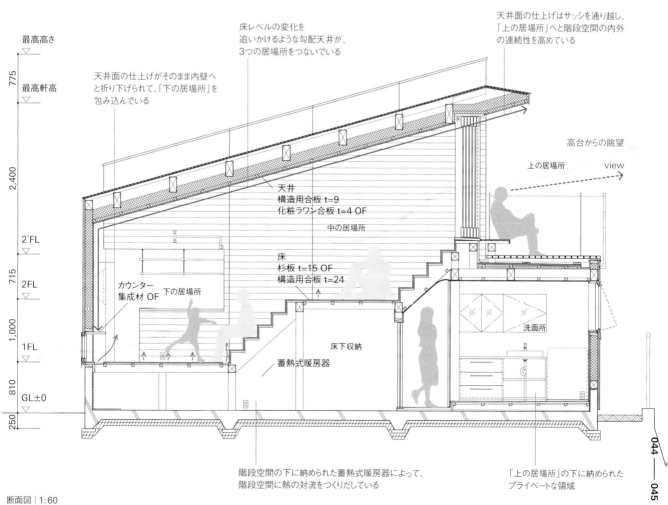

天井面の仕上げがそのまま内壁へ
と折り下げられて、「下の居場所」を
包み込んでいる

床レベルの変化を
追いかけるような勾配天井が、
3つの居場所をつないでいる

天井面の仕上げはサッシを通り越し、
「上の居場所」へと階段空間の内外
の連続性を高めている

最高高さ

775

最高軒高

2,400

高台からの眺望

上の居場所　　view

天井
構造用合板 t=9
化粧ラワン合板 t=4 OF

中の居場所

2'FL

715

2FL

床
杉板 t=15 OF
構造用合板 t=24

カウンター
集成材 OF

下の居場所

1,000

1FL

床下収納

洗面所

蓄熱式暖房器

810

GL±0

250

階段空間の下に納められた蓄熱式暖房器によって、
階段空間に熱の対流をつくりだしている

「上の居場所」の下に納められた
プライベートな領域

⑭ 梅島の建物

設計：齋藤由和／アデザイン

切妻屋根を架けた矩形のボリューム内で、8枚の床がらせん階段のように配置されている。一見すると、シンプルな床の存在感が際立つが、いろいろなレベルの床上の空間は、窓のサイズや位置、天井の高低などが、それぞれの環境に差をつくり出している。一様に思える床同士の関係も、わずかな段差の塩梅で連続と分節が切り替わる。頭上へと回り込んできた床には外が入り込み、床同士の隙間をハイサイドライトに変え、光を落とす。

らせん状の動線をショートカットできる梯子

床8

床7

床6

床同士の段差を活かした、テラスからの採光

公園を臨む開口

床4

ダイニングとして位置付けられた明るい床4

床5

「床4」とその周囲の各フロアをのぞむ

水まわり、収納、駐車場が、床2枚分のエリアにコンパクトにまとめられている

床1

納戸

駐車場

洗面

アプローチ

床2

up

浴室

庭

庭

自転車置場

平面図 | GL＋0−50 | 1:200

2段と3段の階段は家具の配置によって位置を変えることができる

床5

床4

床3

平面図 | GL＋2,200−3,400

床5から床8へとショートカットできる梯子

床8

床6

床7

view

テラスに向き合う

平面図 | GL＋4,200−5,600

床7は屋外のテラス

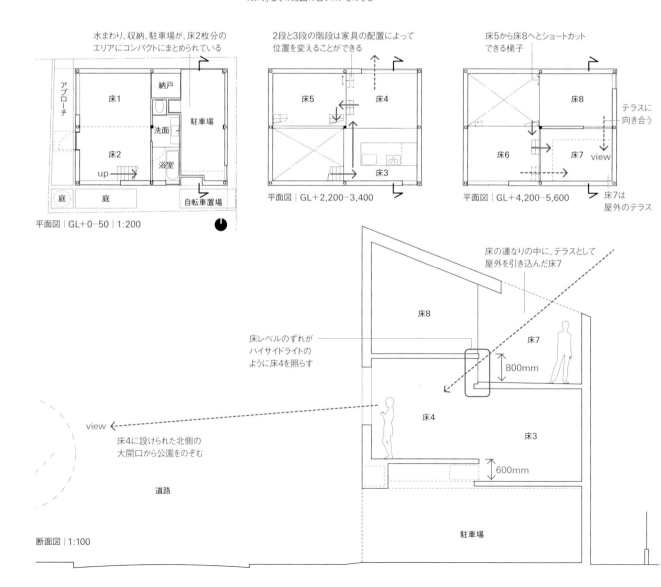

床の連なりの中に、テラスとして屋外を引き込んだ床7

床8

床7

800mm

床レベルのずれがハイサイドライトのように床4を照らす

床4

床3

600mm

view ←

床4に設けられた北側の大開口から公園をのぞむ

道路

駐車場

断面図 | 1:100

⑮ シロガネの家

設計：武井誠＋鍋島千恵／TNA

本事例の空間構成→Chapter3｜p.078

ワンルーム空間内で、枝分かれして展開する階段のように居場所を連ねた住宅。浮かべた床は、それぞれの幅や奥行、高さに応じて、動線としての段板や踊り場となったり、腰掛けやテーブル、棚、部屋の床などに見立てられ、動線と居場所の区別を曖昧にしている。また、床の立体的なレイアウトによって、吹抜けごしの距離感やレベル差による居場所同士の関係、どこに居ても緑道の緑がちらりと視界に入るような、内外の関係がつくり出されている。

1階キッチンから見たリビングと、上部に浮かぶスタディースペース

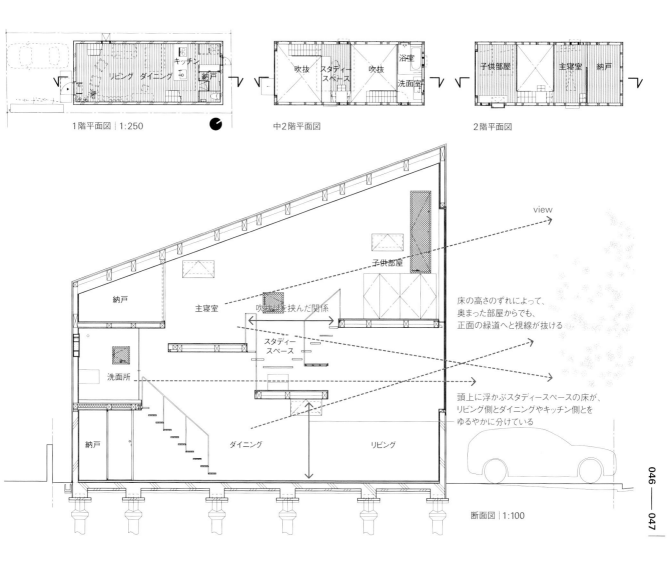

1階平面図｜1:250

中2階平面図

2階平面図

view

床の高さのずれによって、奥まった部屋からでも、正面の緑道へと視線が抜ける

頭上に浮かぶスタディースペースの床が、リビング側とダイニングやキッチン側とをゆるやかに分けている

断面図｜1:100

⑯ **宮本町の住居**

設計：タトアーキテクツ／島田陽建築設計事務所

天井高6,900mmの箱形ワンルーム内に、13枚の床を階段状に浮かべて構成された住宅。床は2つのらせんを描くように上昇し、一旦リビングで合流した後、再び分かれ、中庭のように外が入り込んだ2つのデッキへ到達する。この床のレイアウトは、視点に応じた見通しのよい奥行感、すぐそばに居るのに見えない物陰、吹抜けごしに手が届きそうなくらい接近する距離感など、多様な居場所同士の関係をつくり出している。

頭上に浮かぶ床の裏側は寝室

リビング

ダイニング／キッチン1

キッチン2

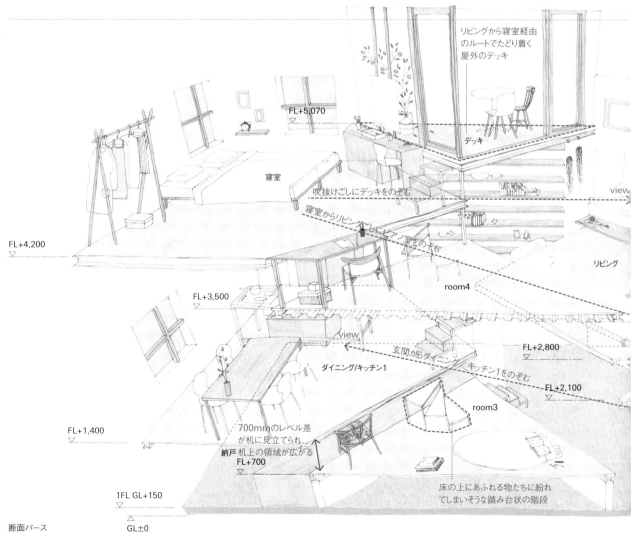

リビングから寝室経由のルートでたどり着く屋外のデッキ

FL+5,070

デッキ

view

吹抜けごしにデッキをのぞむ

FL+4,200

寝室

寝室からリビングごしにピアノ室をのぞむ

リビング

FL+3,500

view

room4

FL+2,800

玄関からダイニング

キッチン1をのぞむ

FL+2,100

ダイニング／キッチン1

room3

FL+1,400

700mmのレベル差が机に見立てられ机上の領域が広がる
納戸
FL+700

1FL GL+150

GL±0

床の上にあふれる物たちに紛れてしまいそうな踏み台状の階段

断面パース

ダイニング/キッチン1からの眺め

ワンルームでつながっていても、
床面の向こう側に生じる死角などによって、
実際とは異なる距離感がつくり出されている。
また、床同士のレベル差をつなぐ
数段分の踏み台は、
生活の品々に紛れることで、
階段としての存在感が消えている

GL＋5,220平面図

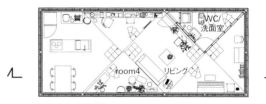

GL＋3,650平面図

GL＋2,250平面図

リビングから水まわり
経由でたどり着く
屋外のデッキ

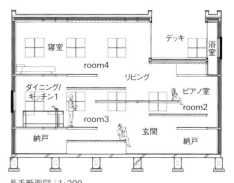

GL＋850平面図｜1:200

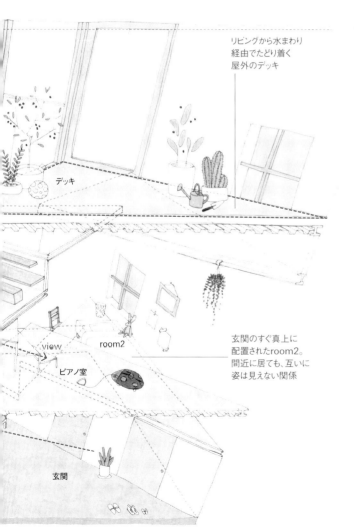

玄関のすぐ真上に
配置されたroom2。
間近に居ても、互いに
姿は見えない関係

長手断面図｜1:200

⑰ 上尾の長屋

設計：長谷川豪建築設計事務所

上下に積層した二世帯住宅で、上階へアクセスする階段の上下に生じる隙間に、それぞれの世帯の水まわりを配置している。とりわけ上階では、アプローチ階段を上方に反復させた空間内に、浴槽、洗い場、手洗い、便器など、水まわりの諸機能がリニアに並ぶ。この階段状の空間は、屋外のテラスへと連続し、屋根から半身を乗り出しながら洗濯物を干したり、浴槽から空を眺めたりと、住宅内の最奥で外とつながる場所でもある。

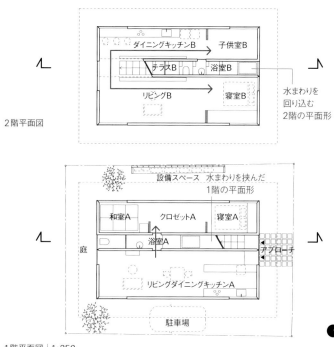

2階平面図

水まわりを
回り込む
2階の平面形

設備スペース　水まわりを挟んだ
1階の平面形

1階平面図｜1:250

扉を開放すると、内外
の階段が連続する

屋根面から半身を
乗り出せるテラスB

ダイニング
キッチンBからの動線

階段の最下段
が浴槽

浴室（B）からテラス（B）への眺め

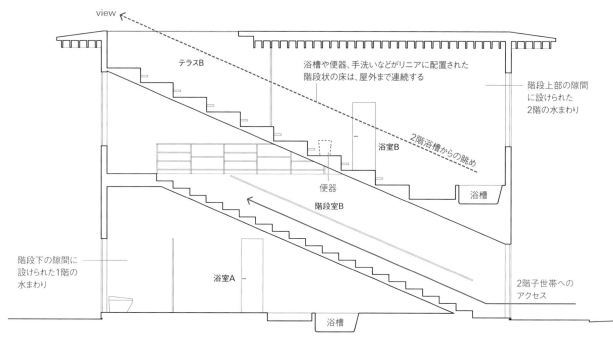

view

テラスB

浴槽や便器、手洗いなどがリニアに配置された
階段状の床は、屋外まで連続する

階段上部の隙間
に設けられた
2階の水まわり

2階浴槽からの眺め

浴室B

便器

浴槽

階段室B

階段下の隙間に
設けられた1階の
水まわり

浴室A

2階子世帯への
アクセス

浴槽

断面図｜1:100

⑱ 上目黒の住宅

設計：川辺直哉建築設計事務所

建て込んだ住宅地のT字路を、そのまま延長した路地のように、「ホール」と呼ばれる

階段室はつくられている。「ホール」は、壁面の開口を通してすべての居室同士をつなぐ動線空間でありつつ、その道すがら、ピアノや洗面、テラス、書斎など、暮らしの時々で立ち寄る居場所になっている。時折暮ら

しの一部が漏れ出る「ホール」は、かつての路地のごとく、住宅と街とを適度につなぐバッファ空間といえるだろう。

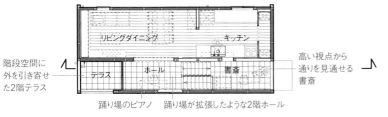

階段空間に外を引き寄せた2階テラス

踊り場のピアノ　踊り場が拡張したような2階ホール

リビングダイニング　キッチン

テラス　ホール　書斎

高い視点から通りを見通せる書斎

2階平面図

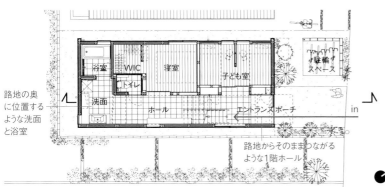

路地の奥に位置するような洗面と浴室

浴室　WIC　寝室
洗面　トイレ　子ども室
ホール

壁輪スペース

ホール　エントランスポーチ　in

路地からそのままつながるような1階ホール

1階平面図｜1:200

トップライトによる採光

書斎ロフト収納まっすぐ開口

書斎

階段ごしに視線が通り道に沿ってびていく

隣家の屋根と空をのぞめる開口

ホール

2階ホールから階段ごしに通りをのぞむ

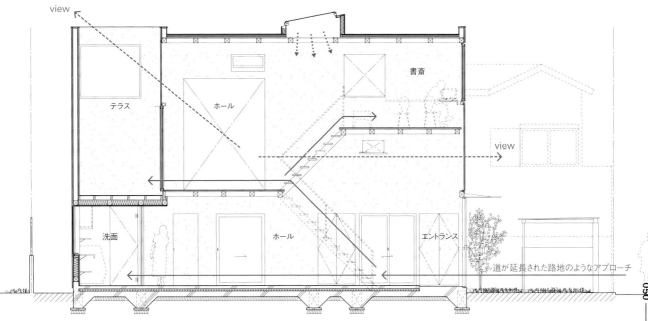

view

テラス　ホール　書斎

view

洗面　ホール　エントランス

道が延長された路地のようなアプローチ

断面図｜1:100

⑲ 旋の家

設計：武井誠＋鍋島千恵／TNA

地面から浮かべた3枚のスラブの周囲に、ぐるぐる旋回するようにスロープが巻き付いた住宅。アプローチとして、当初屋外であったスロープは、いつしか室内に入り込み、居室をひと通り通過した後、再び屋外のバルコニーに変わる。またスロープの空間自体は、内と外との関係上はバッファゾーンであり、さらに寄り添う床とのレベル差で観察すると、ベンチやカウンター、頭上の庇など、役割を変化させている。

リビングとそれを取り巻くスロープ

庇のようなスロープ

上階への吹抜け

腰掛けのような高さのスロープ

リビング

床との隙間から下の居室が垣間見える

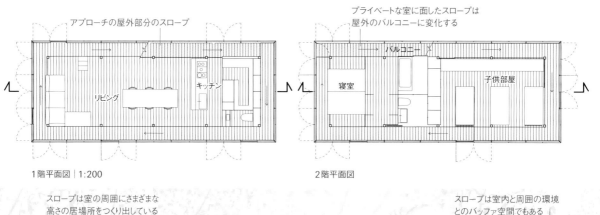

アプローチの屋外部分のスロープ

リビング　キッチン

1階平面図｜1:200

プライベートな室に面したスロープは屋外のバルコニーに変化する

バルコニー

寝室　子供部屋

2階平面図

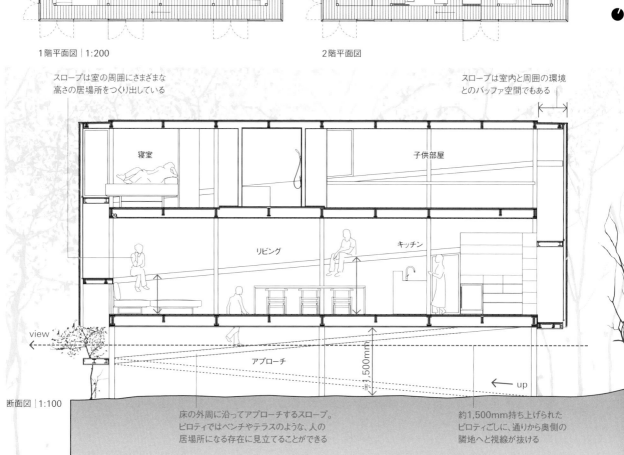

スロープは室の周囲にさまざまな高さの居場所をつくり出している

スロープは室内と周囲の環境とのバッファ空間でもある

寝室　子供部屋

リビング　キッチン

view

アプローチ

1,500mm

up

断面図｜1:100

床の外周に沿ってアプローチするスロープ。ピロティではベンチやテラスのような、人の居場所になる存在に見立てることができる

約1,500mm持ち上げられたピロティごしに、通りから奥側の隣地へと視線が抜ける

20 二重螺旋の家

設計：大西麻貴＋百田有希／o+h

路地のような旗竿敷地のアプローチを、そのまま動線として引き込み、諸室を3層積み上げたコアに、らせん状に巻き付けた構成。動線の空間は、階段や廊下としての機能を主体としながら、その道筋のあちこちに、図書室や出窓、デイベッドなどの寄り道できる設えが施されている。また、床レベル差によって、居室と揃えば拡張され、ずれたら開口を通してつなぐなど、動線周囲との多様な関係が形成されている。

リビングでの居場所と階段を兼ねたデイベッド

屋上テラスベ

腰掛付に見立てた階段

階段の踊り場のような窓辺のデイベッド

リビング

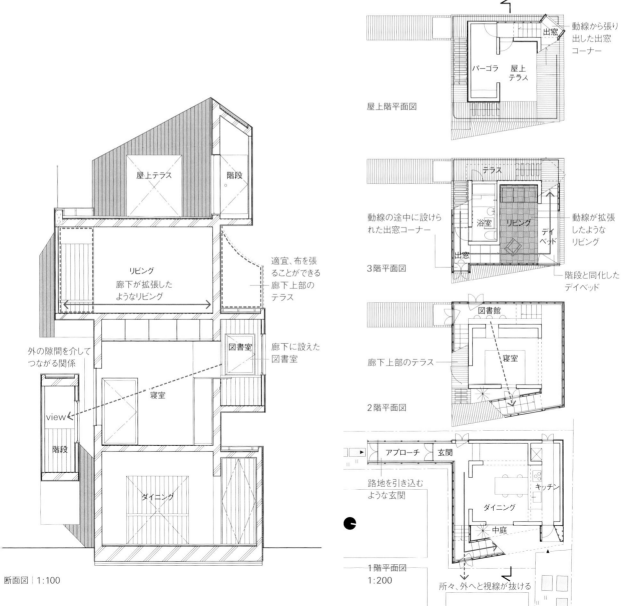

適宜、布を張ることができる廊下上部のテラス

リビング
廊下が拡張したようなリビング

外の隙間を介してつながる関係

図書室
廊下に設けた図書室

view

寝室

階段

ダイニング

断面図｜1:100

動線から張り出した出窓コーナー

出窓

パーゴラ　屋上テラ

屋上階平面図

動線の途中に設けられた出窓コーナー

テラス

浴室　リビング　デイベッド

出窓

3階平面図

動線が拡張したようなリビング

階段と同化したデイベッド

図書館

寝室

廊下上部のテラス

2階平面図

アプローチ　玄関

路地を引き込むような玄関

キッチン

ダイニング

中庭

1階平面図
1:200

所々、外へと視線が抜ける

㉑ 豊中の住居

設計:タトアーキテクツ/島田陽建築設計事務所

ボリュームをずらして積層することで、上下階にゆるやかなつながりがつくり出された住宅。ここに設けられた階段は、あえて、途中で素材や構造が切り替わり、時には家具を階段ルートの一部に見立てている。細切れになった階段は、本来の建築エレメントとしての存在感が薄まり、家具の一部のように空間内に溶けている。そこでは、生活者がさまざまなレベルの居場所を、軽やかに動き回るような暮らしの姿が想像できる。

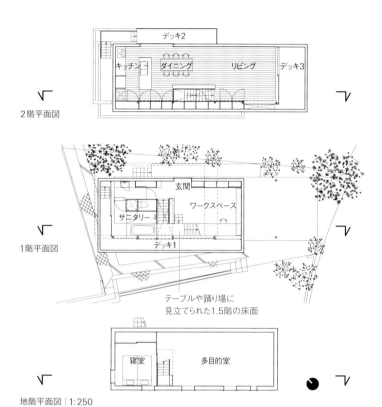

2階平面図

1階平面図

テーブルや踊り場に
見立てられた1.5階の床面

地階平面図｜1:250

薄いスチールプレート
踏み台
薄いスラブ
鉄骨階段
カウンター

ワーク
スペース

踏み台

手すりでもある
ベンチ

1階ワークスペースの階段まわり

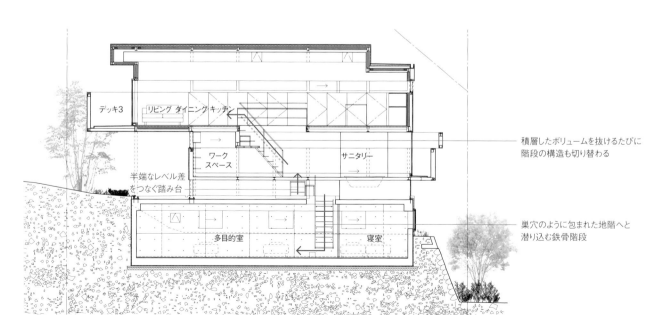

デッキ3　リビング　ダイニング　キッチン

ワーク
スペース

サニタリー

半端なレベル差
をつなぐ踏み台

多目的室　　　　寝室

積層したボリュームを抜けるたびに
階段の構造も切り替わる

巣穴のように包まれた地階へと
潜り込む鉄骨階段

断面図｜1:150

㉒ HOUSE T

設計：篠崎弘之建築設計事務所

この住宅の基本的な空間は、構造的なフレームである「棚柱・棚梁」と、そこへ引っ掛けるように自由な高さに配置された「棚床」で構成されている。そこでは、筒状に抜けたゆるやかな上下のつながりと、それぞれの場所性が両立している。この空間内で、階段は、あるものは踏み台のような、またあるものは収納家具などの姿をしている。それらは「棚床」の上で、何かの最中に雑然と置かれた道具のように、暮らしの中に溶け込んでいる。

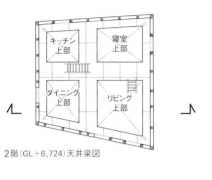

2階（GL＋6,724）天井梁図

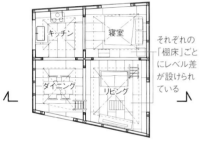

2階（GL＋2,922–4,692）平面図

それぞれの「棚床」ごとにレベル差が設けられている

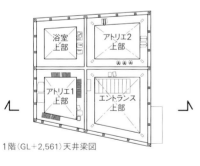

1階（GL＋2,561）天井梁図

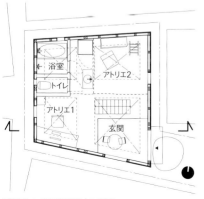

1階（GL＋491）平面図｜1:200

室ごとにレベル差をつけられた「棚床」

玄関上部から見たダイニングとキッチン

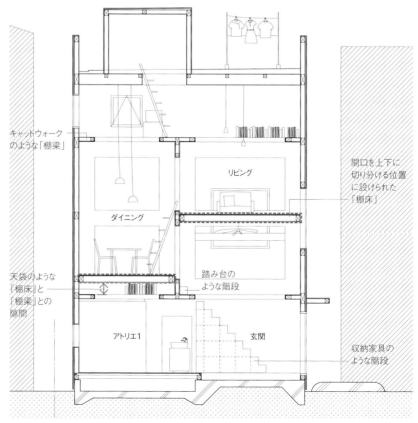

キャットウォークのような「棚梁」

天袋のような「棚床」と「棚梁」との隙間

開口を上下に切り分ける位置に設けられた「棚床」

踏み台のような階段

収納家具のような階段

断面図｜1:100

㉓ 入間の家

設計：青柳創＋青柳綾夏／AOYAGI DESIGN
＋福山弘／福山弘構造デザイン

木造軸組構法を基本とした1階の上部に、CLTパネルによる「小屋裏」を載せた住宅。

「小屋裏」は、構造材・断熱材・仕上げ材を兼ねたCLTパネルによって、同一素材で圧倒的な天井高をもつ二等辺三角形の空間が形成され、上下階の印象に大きなコントラストをつけている。同じくCLT材を段板に用いた片持ち階段は、あたかも小屋裏から降りてきたようであり、90mm厚のシャープな境界面で切り分けられた異世界へとくぐり抜ける体験をつくり出している。

CLTパネルによる
厚さ90mmの
境界面が、
シャープに上下階を
切り分ける

小屋裏と同じCLT材による
段板。上階から迎えに降り
てきたよう

1階リビング・ダイニングから小屋裏を見上げる

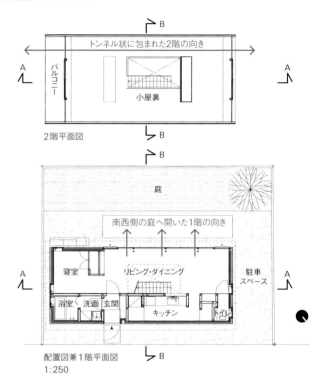

B

トンネル状に包まれた2階の向き

A｜　バルコニー　｜　小屋裏　｜　A

B

2階平面図

B

庭

南西側の庭へ開いた1階の向き

A｜寝室　リビング・ダイニング　駐車スペース｜A

浴室　洗面　玄関　キッチン　トイレ

配置図兼1階平面図
1:250

B

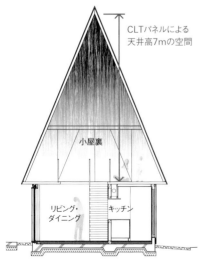

CLTパネルによる
天井高7mの空間

小屋裏

リビング・
ダイニング　キッチン

B-B断面図｜1:150

CLTパネルの
厚みと強度を
そのまま活かした
厚さ90mmの床

バルコニー　小屋裏

駐車スペース

異なる質をもつ上下階を、
階段がつないでいる

庭に面した大きな
1階の開口

A-A断面図｜1:150

㉔ Small House

設計：畝森泰行建築設計事務所

幅・奥行ともに4m、高さ9mのタワー状ボリューム内を5層の空間に仕切り、そこをらせん階段が貫く構成の住宅。各フロアに応じ、異なる位置に窓や開き戸の開口が設けられ、小さな平面形ゆえ、開放すると、それぞれの居場所なりに街の中に佇むような感覚が強調される。タワー内を切り裂くように、きわめて薄い70mm厚の床は、上下で接近する空間同士の異なる光景を、らせん階段による移動のたびに、めくるめくように切り替えていく。

3階スペアルームかららせん階段の開口を見下ろす

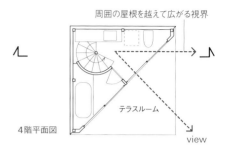

周囲の屋根を越えて広がる視界

テラスルーム

4階平面図

view

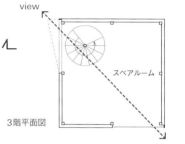

view

スペアルーム

3階平面図

開き戸を開けると、外が通り抜けるような居場所に変わる

view

ダイニングルーム

2階平面図

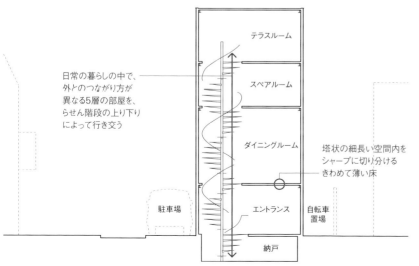

テラスルーム

スペアルーム

ダイニングルーム

エントランス

納戸

駐車場

自転車置場

日常の暮らしの中で、外とのつながり方が異なる5層の部屋を、らせん階段の上り下りによって行き交う

塔状の細長い空間内をシャープに切り分けるきわめて薄い床

断面図｜1:150

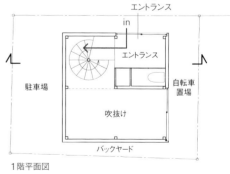

街に開いたエントランス

in

駐車場

エントランス

自転車置場

吹抜け

バックヤード

1階平面図

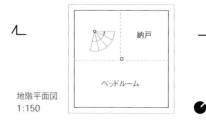

納戸

ベッドルーム

地階平面図
1:150

㉕ 諏訪山の住居

設計：タトアーキテクツ／島田陽建築設計事務所

1枚の壁で2つの居場所に仕切ったフロアを、3層積み重ねた構成の住宅。合計6

つ用意された居場所は、それぞれに空間のプロポーションと生活の向き、その先に広がる眺めをもっている。この住宅の階段は、あるフロアでは壁を通り抜け、隣の部屋を見下ろしながら通過しつつ、上階のスラブに

穿たれた開口に入り込む。それは、異なる性格の6つの空間同士を、ひとつながりの体験として縫い合わせているようだ。

8
気持ちを切り替える階段

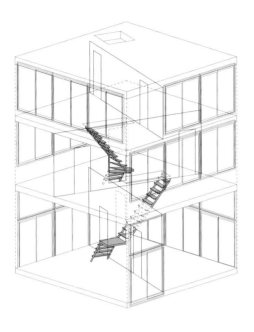

階層ごとに向きが入れ替わる壁と、そこを通過していく階段

壁の開口を抜けると、ショールームの上を横切りつつ、2階リビング・ダイニングへ

アトリエ

軽快な鉄骨階段は、次々と場面転換していく様子を想起させる

1階アトリエから壁を抜けていく階段

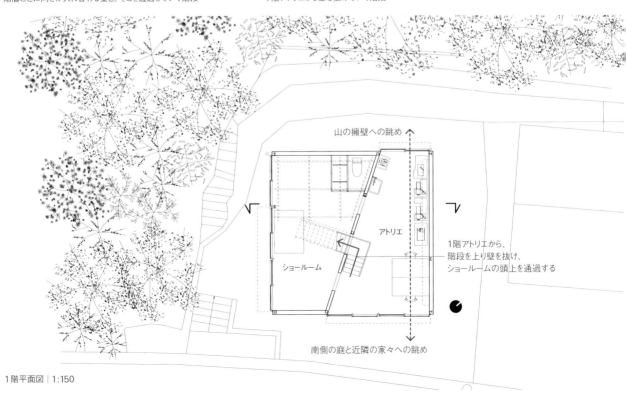

山の擁壁への眺め

アトリエ

ショールーム

1階アトリエから、階段を上り壁を抜け、ショールームの頭上を通過する

南側の庭と近隣の家々への眺め

1階平面図 | 1:150

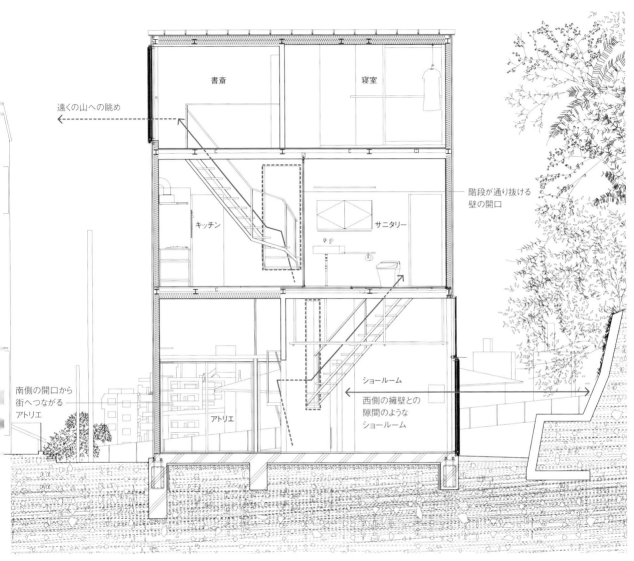

遠くの山への眺め

書斎　寝室

階段が通り抜ける
壁の開口

キッチン

サニタリー

南側の開口から
街へつながる
アトリエ

アトリエ

ショールーム

西側の擁壁との
隙間のような
ショールーム

断面図｜1:80

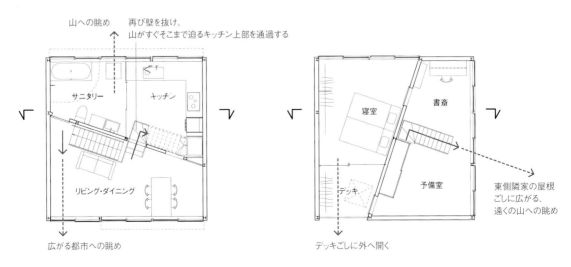

山への眺め

再び壁を抜け、
山がすぐそこまで迫るキッチン上部を通過する

サニタリー　キッチン

リビング・ダイニング

広がる都市への眺め

寝室　書斎

デッキ

予備室

東側隣家の屋根
ごしに広がる、
遠くの山への眺め

デッキごしに外へ開く

2階平面図

3階平面図

㉖ オビの家

設計：武井誠＋鍋島千恵／TNA

住宅地の街角で、タワー状に3層積み重ねた構成の住宅。同一の正方形平面を基本とする各フロアでは、それぞれに異なる二面の壁が開くことで、居室の周囲に三角形に拡張された領域をつくり出している。ここは主に、階段と吹抜けを納めた垂直動線であり、切り開いたような外壁の隙間を通して、上下移動のたびに、空や街へと視線が抜ける。また三角形の踊り場は、居室に付属する小上がりのような窓辺の居場所でもある。

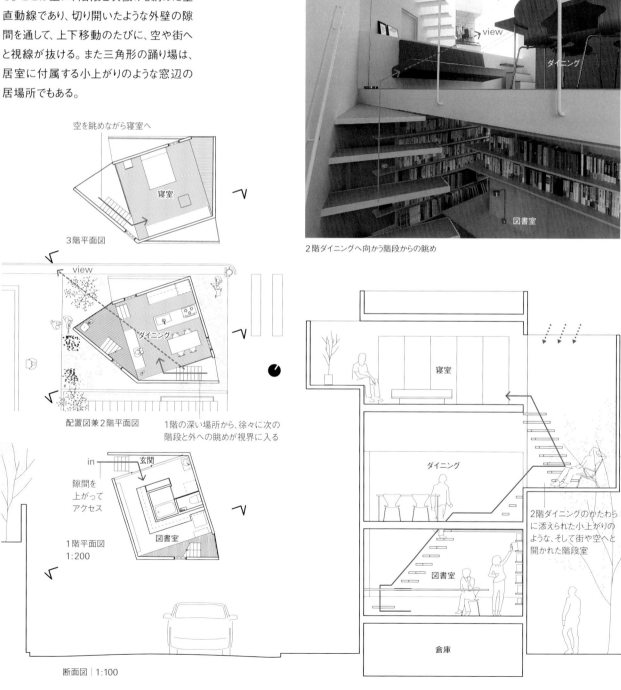

開いた壁面の隙間を利用した
階段上部のトップライト

view

ダイニング

図書室

2階ダイニングへ向かう階段からの眺め

空を眺めながら寝室へ

寝室

3階平面図

view

ダイニング

配置図兼2階平面図

1階の深い場所から、徐々に次の
階段と外への眺めが視界に入る

in → 玄関

隙間を
上がって
アクセス

図書室

1階平面図
1:200

寝室

ダイニング

図書室

2階ダイニングのかたわら
に添えられた小上がりの
ような、そして街や空へと
開かれた階段室

倉庫

断面図 | 1:100

(27) 桧原の家

設計：谷尻誠＋吉田愛／
SUPPOSE DESIGN OFFICE

貯水池に面した斜面に建つ住宅。玄関から階段を見下ろすと、リビングの先には、屋根と壁で切り取られた水面が目に入る。階段を降りはじめると、壁の上部にある開口を通して、空が近づいたり離れたりを繰り返す。それまで、間近な水面しか見えなかった正面の眺望は、リビングの床に下りていくにつれ、貯水池の対岸へと、急速に奥行を拡大する。視点移動に伴って、外との距離感が変化する階段空間といえる。

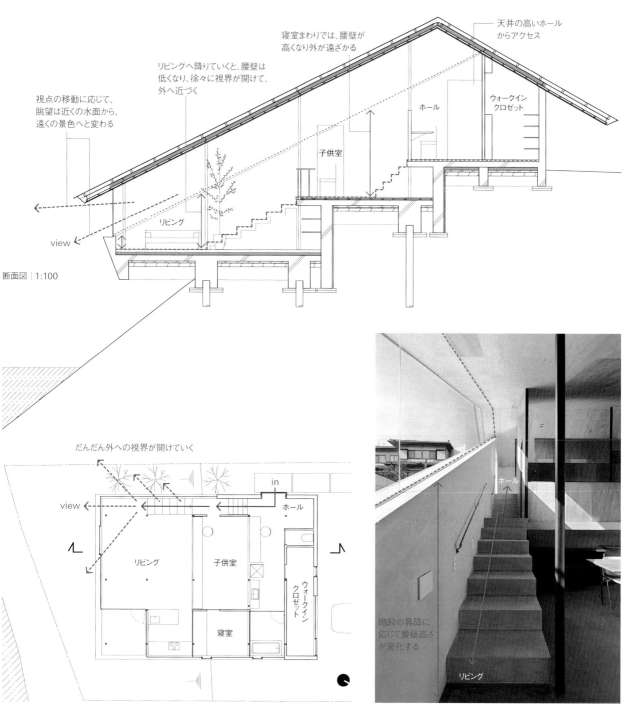

天井の高いホールからアクセス

寝室まわりでは、腰壁が高くなり外が遠ざかる

リビングへ降りていくと、腰壁は低くなり、徐々に視界が開けて、外へ近づく

視点の移動に応じて、眺望は近くの水面から、遠くの景色へと変わる

ホール

ウォークインクロゼット

子供室

リビング

view

断面図｜1:100

だんだん外への視界が開けていく

view

in

ホール

リビング

子供室

ウォークインクロゼット

寝室

平面図｜1:200

階段の昇降に応じて腰壁高さが変化する

ホール

リビング

3つの床レベルをつなぐ階段を見上げる

㉘ 空の見える下階と街のような上階

設計：栗原健太郎＋岩月美穂／
studio velocity

円柱のボリュームに円錐の屋根を載せた外形の中で、1階をプライベートな諸室の集まり、2階を家族の共用空間とした住宅。1階の各室には、それぞれに2階へ上がる階段室が設けられ、そのボリュームは2階の床面を押し上げ、屋根の近くまで塔のように伸びている。その先では、階段室の天窓と屋根の天窓が重なり合う。上下階を行き交う日常の暮らしの中で、下階に居ても、ふと見上げると、すぐそこに空をのぞむ体験がある。

階段棟の上あたりに設けられた
2階天井面のトップライト

床から隆起した階段棟が、
2階のワンルームのあちこちに、
街中の路地や小さな広場のような
コーナーをつくり出している

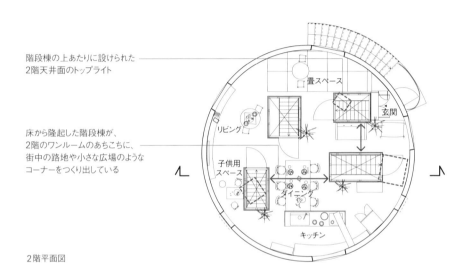

2階平面図

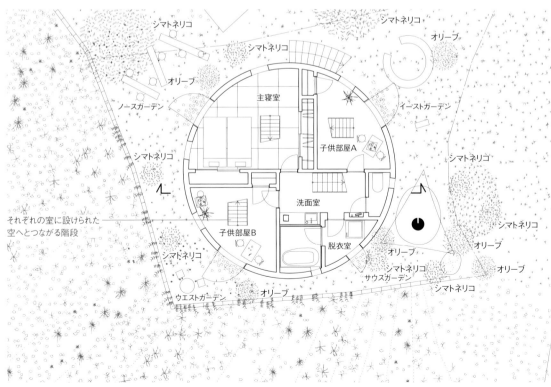

それぞれの室に設けられた
空へとつながる階段

1階平面図│1:150

キッチンからの物陰に位置する
リビング

リビング

階段棟の隙間に位置する
ダイニング

キッチン

ダイニング

屋根の天窓に向かう
階段棟の開口

畳スペース

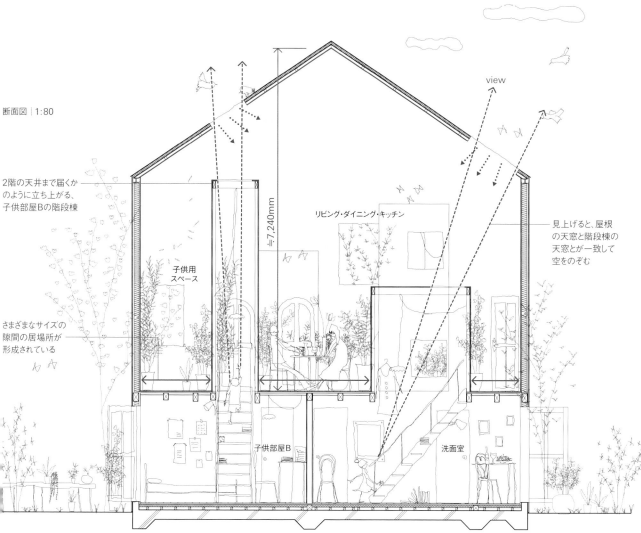

断面図 | 1:80

view

2階の天井まで届くか
のように立ち上がる、
子供部屋Bの階段棟

≒7,240mm

リビング・ダイニング・キッチン

子供用
スペース

見上げると、屋根
の天窓と階段棟の
天窓とが一致して
空をのぞむ

さまざまなサイズの
隙間の居場所が
形成されている

子供部屋B

洗面室

人の足裏の面積は体全体の2%しかなく、私たちはその2%の部分で体重を支えて生活をしている。特に、親指と小指と踵の3点が重要で、それぞれをつなぐアーチはクッションやバネの役割をもち、さらに体重のバランスをとりながら体を安定させて立ち歩行している。普段何げなく自然に階段の昇降を行っているが、実は高度な体重移動を絶妙なバランスを保ちながら行っている。

そのため階段の段板は、人が安全に昇降できるような大きさや滑りにくさ、つまずいたり引っかかったりしないような配慮が必要になる。さらに、直接足の裏に触れる部位なので、段板に使用する材料が皮膚に触れたときの感覚も大切な要素となる。機能だけでなくデザイン的にも空間の中での重要な役割をもつ階段として、その素材は特に慎重に選びたいものだ。

木の集成材は一般的によく使用される段板の材料である。強度があり寸法の安定性に優れ、美しい見た目、加工性がよいなどの長所の多い材料である。さらに、木は素足をつけたときの「温もり」感、体の熱を奪う熱伝導率が低いという効果をもちあわせている。

段板にグレーチングやエキスパンドメタルなど空気の抜ける材料を使用する目的としては、上下階の空間のつながりを強くしたい、軽やかな印象にしたいなどとともに、温かい空気によるチムニー効果で温熱環境の向上も期待でき

る。実際の足触りは、滑りにくさについては問題なしだが、冬場の冷たさは避けられない。好き嫌いの分かれる素材である。

ガラスなども段板として使用される、透明感があり魅力的な素材である。強度を十分に考慮しなければならないので、中間にフィルムを挟み込んだ合わせガラスが用いられることが多い。

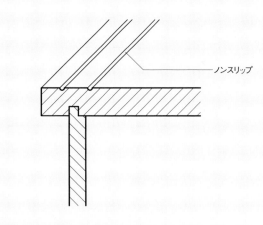

ノンスリップ

滑りにくくする配慮：ノンスリップ
木の段板の場合は、先端部に彫込み溝を設け、滑らないように足の指先が引っかかる加工をする。溝は1-2本が多い。

段板に使用される素材の例

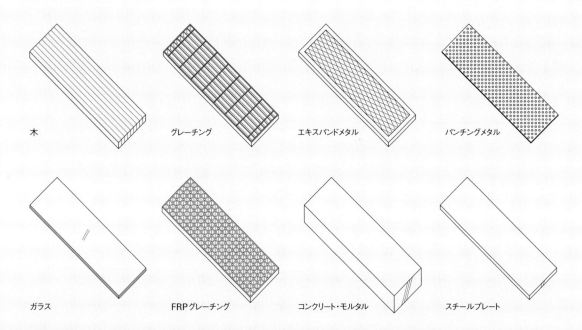

木　　グレーチング　　エキスパンドメタル　　パンチングメタル

ガラス　　FRPグレーチング　　コンクリート・モルタル　　スチールプレート

事例に学ぶ
構造別階段の詳細

(29) **長谷の家**

設計者：安藤和浩＋田野恵利／
アンドウ・アトリエ
構造設計：I.S.art project GAEA
規模：木造 地上2階
所在地：神奈川県鎌倉市｜竣工年：2009年

谷戸の高低差のある敷地は、道路から2m下がったレベルにあり、道路から駐車場を通りアプローチする。玄関から半階ずつの階段で1階と2階を結び、玄関と階段の踊り場が兼用されるように断面計画して、高低差のある敷地を有効活用している。

玄関の上階は小屋裏収納、下階は外部収納に使われる。階段は側桁階段で、側桁と段板はタモの無垢材、蹴込みはシナ合板に壁面と同じ白色に塗装することで側桁と段板の構成を強調する。2階から小屋裏収納への階段は蹴込み板をなくし、玄関部分への視線や光と風が抜けるようにして玄関側の空間を圧迫しないようにしている。

小屋裏収納平面図

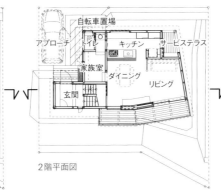

1階平面図｜1:300

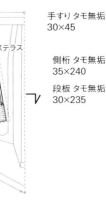

2階平面図

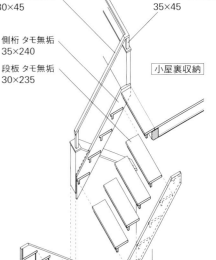

手すり タモ無垢
30×45

手すり子 タモ無垢
35×45

側桁 タモ無垢
35×240

段板 タモ無垢
30×235

小屋裏収納

2階の
LDKへ

玄関

1階の
個室階へ

段板 タモ無垢 30×260

側桁 タモ無垢 35×270

蹴込み板 シナ合板 t=6

2階踊り場より小屋裏収納方向を見る

階段の構成

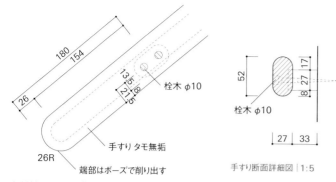

桟木 φ10

手すり タモ無垢

26R

端部はボーズで削り出す

タモの無垢材でつくったR曲面の
やさしく手触りに配慮した手すり

手すり端部詳細図（1階から玄関階に至る位置）│1:5

桟木 φ10

手すり断面詳細図 │1:5

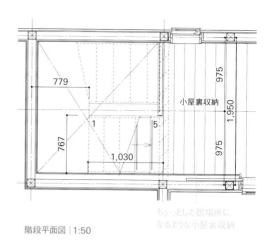

779

小屋裏収納

767

1,030

階段平面図 │1:50

ちょっとした居場所に
なるような小屋裏収納

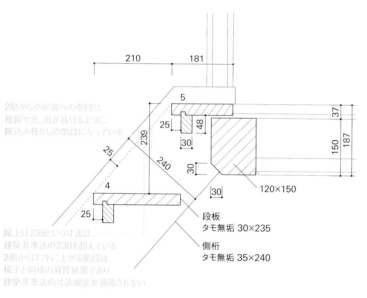

2階から小屋裏への階段は
視線や光、風が抜けるように、
蹴込み板なしの階段になっている

120×150

段板
タモ無垢 30×235

側桁
タモ無垢 35×240

蹴上げ239という寸法は、
建築基準法の230を超えている。
2階からロフトに上がる階段は
梯子と同様の昇降装置であり
建築基準法の寸法規定が適用されない

A部断面詳細図 │1:10

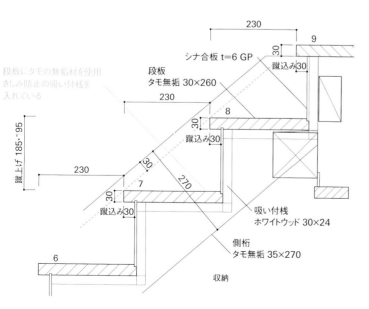

段板にタモの無垢材を使用
きしみ防止の吸い付桟を
入れている

シナ合板 t=6 GP

段板
タモ無垢 30×260

蹴込み30

蹴込み30

蹴上げ 185〜95

蹴込み30

吸い付桟
ホワイトウッド 30×24

側桁
タモ無垢 35×270

収納

B部断面詳細図 │1:10

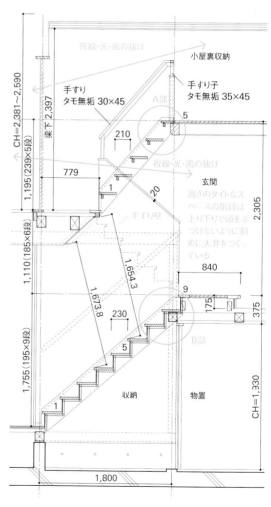

視線・光・風の抜け

小屋裏収納

手すり
タモ無垢 30×45

手すり子
タモ無垢 35×45

A部

CH=2,381〜2,590

梁下 2,397

1,195（239×5段）

779

視線・光・風の抜け

玄関

高さのタイトなス
ペースの階段は
上り下りで頭をぶ
つけないように斜
めに天井をつくっ
ている

1,110（185×6段）

1,654.3

手すり壁

1,673.8

230

1,755（195×9段）

収納

物置

840

375

CH=1,330

2,305

1,800

階段断面図 │1:50

(30) Stacked House

設計者：筒井康二建築研究所
構造設計：坪井広嗣構造設計事務所
規模：RC造（地下・1階一部）＋木造（1-3階）
地下1階、地上3階
所在地：東京都目黒区｜竣工年：2011年

14の部屋の境界を曖昧にしつつ、しっかりと独立性をもたせながら立体的に積み上げた住宅。箱に「ずれ」をつくることで独立した部屋として認識される。立体的に積み上げられた箱の隙間の中心に置き、「ずれ」を

ゆるやかにつなぐ木の階段をつくっている。側桁階段の形状であるが、よりシンプルにするために壁面側は側桁を見せず、また中央の側桁を1枚で上階まで連続させ、手すりもこの側桁にまとうようなデザインとしている。

1階平面図｜1:400

2階平面図

3階平面図

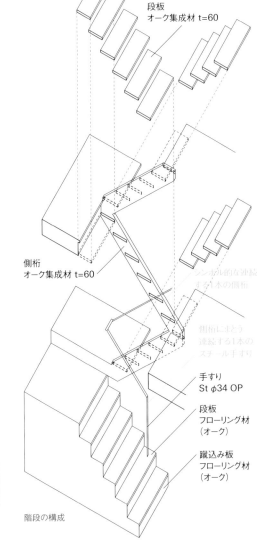

段板
オーク集成材 t=60

側桁
オーク集成材 t=60

手すり
St φ34 OP

段板
フローリング材
（オーク）

蹴込み板
フローリング材
（オーク）

階段の構成

和室から階段の吹抜けを見る。下階からの空間の連続がわかる

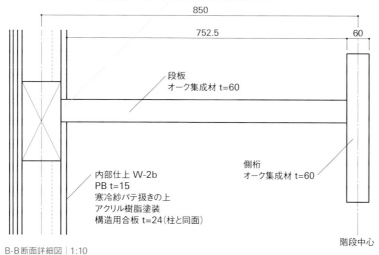

850

752.5

60

段板
オーク集成材 t=60

側桁
オーク集成材 t=60

内部仕上 W-2b
PB t=15
寒冷紗パテ扱きの上
アクリル樹脂塗装
構造用合板 t=24（柱と同面）

階段中心

B-B断面詳細図 | 1:10

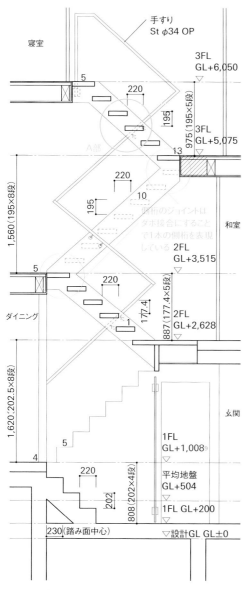

寝室

手すり
St φ34 OP

3FL
GL+6,050

5

220

195

975（195×5段）

A部

3FL
GL+5,075

13

220

195

10

側桁のジョイントは
ダボ接合にすること
で1本の側桁を表現
している

和室

1,560（195×8段）

2FL
GL+3,515

5

220

177.4

887（177.4×5段）

2FL
GL+2,628

ダイニング

1

玄関

1,620（202.5×8段）

1FL
GL+1,008

平均地盤
GL+504

5

1FL GL+200

4

230（踏み面中心）

220

202

808（202×4段）

設計GL GL±0

階段断面図 | 1:50

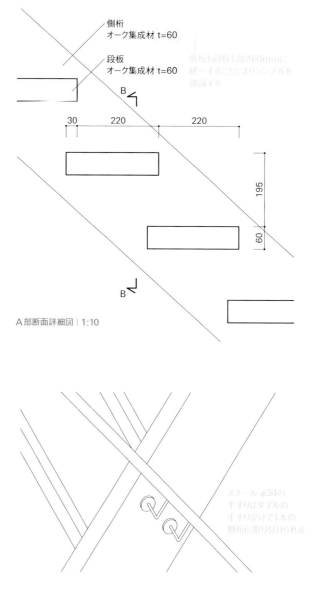

側桁
オーク集成材 t=60

段板
オーク集成材 t=60

側桁も段板も厚さ60mmに
統一することによりシンプルを
強調する

B

30

220

220

195

60

B

A部断面詳細図 | 1:10

スチール φ34の
手すりはダブルの
手すり受けで1本の
側桁に取り付けられる

手すりの構成

(31) 横浜の住宅

設計者：長谷川豪建築設計事務所
構造設計：大野博史／オーノJAPAN
規模：木造 地上2階
所在地：神奈川県横浜市｜竣工年：2015年

外構からのコンクリート階段が室内にもつながっていく、「踏み石」が連続していくようなイメージが元になったユニークな階段である。この階段の芯には厚さ60mmのささら桁が隠されている。階高3,950mmのロング箱階段は空間に強い印象を与えており、あたかも18個の箱が踏み面寸法を確保しながらずらして重なったようなイメージになっている。各箱は収納となっており、引出しタイプではなく、手前に倒れる扉になっていて実際に物を収めることができる。スチールの手すりは1階の床から2階まで、階段とは接続せず自立している。

下から見上げる。空間に強い印象を与える箱階段

2階平面図

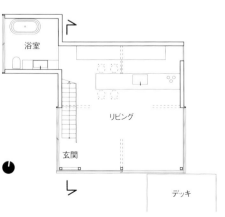

1階平面図｜1:200

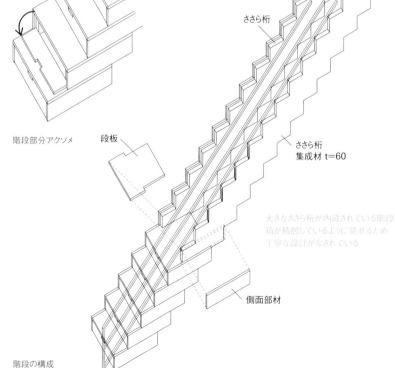

階段部分アクソメ

段板

ささら桁

ささら桁
集成材 t=60

大きなささら桁が内蔵されている階段。
箱が積層しているように見せるため
丁寧な設計がなされている

側面部材

階段の構成

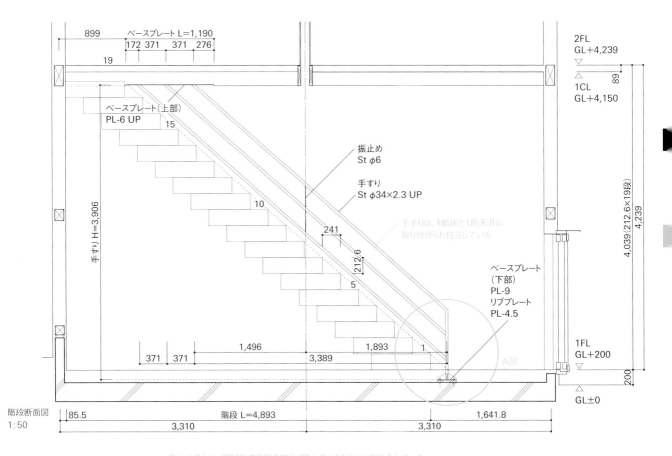

ベースプレート L=1,190
899
172　371　371　276
19

ベースプレート（上部）
PL-6 UP
15

振止め
St φ6

手すり
St φ34×2.3 UP

2FL
GL+4,239

1CL
GL+4,150

89

手すり H=3,906

手すりは、1階床と1階天井に
取り付けられ自立している

10

241

212.6

5

4,039（212.6×19段）

4,239

ベースプレート
（下部）
PL-9
リブプレート
PL-4.5

371　371

1,496

3,389

1,893

1

A部

1FL
GL+200

200

GL±0

階段断面図
1:50

85.5

階段 L=4,893

3,310

3,310

1,641.8

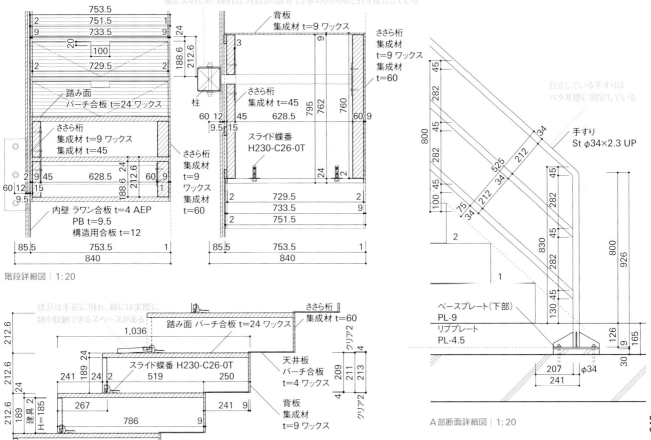

振止めのため、6段目と7段目の部分で2本のささら桁と柱を接合している

753.5
2　751.5　1
9　733.5　9
20
100
24
188.6
212.6

2　729.5　2

踏み面
バーチ合板 t=24 ワックス

ささら桁
集成材 t=9 ワックス
集成材 t=45

2　9　45　628.5　60　9
60　12　15
9.5

内壁 ラワン合板 t=4 AEP
PB t=9.5
構造用合板 t=12

85.5　753.5　1
840

階段詳細図 | 1:20

背板
集成材 t=9 ワックス

柱

ささら桁
集成材 t=45

9.5　15
60　12　45　628.5　60　9

スライド蝶番
H230-C26-0T

ささら桁
集成材
t=9 ワックス
集成材
t=60

3

9

795
762
760

24

2　729.5　2
733.5　9
751.5
2

85.5　753.5　1
840

ささら桁
集成材 t=60

自立している手すりは
ベタ基礎に固定している

手すり
St φ34×2.3 UP

800

282
45
282
45
100　45

282
45
282
45
130　45

34
525
212
34
212
34
75

830

800
926

34

45　282
45　282

45
282
45
282
2

1

ベースプレート（下部）
PL-9

リブプレート
PL-4.5

126
9　165
30

207　φ34
241

A部断面詳細図 | 1:20

建具は手前に倒れ、箱には実際に
物を収納できるスペースがある

ささら桁
集成材 t=60

212.6

1,036

212.6

189　24

241

24

189　24

212.6

建具　2

189　H=185

2

267

踏み面 バーチ合板 t=24 ワックス

スライド蝶番 H230-C26-0T
519　250

天井板
バーチ合板
t=4 ワックス

背板
集成材
t=9 ワックス

786

9

241　9

795

4　209
211
213
クリア2　4
クリア2
4

階段収納部分断面図 | 1:20

(32) 傾斜地の家1・2

設計者：島村香子建築設計室
構造設計：羽田野裕二／羽田野構造設計室
規模：木造（一部RC造）地下1階、地上2階
所在地：神奈川県横浜市│竣工年：2014年

敷地は急傾斜地で、元は擁壁の上に建っていた住宅を擁壁ごと建て替えた。
擁壁の代わりに地階となるのでRC造となり、車庫とアプローチ、玄関をつくっている。
このコンクリート造の玄関部分に木造の階段を取り付けている。RCと木造階段の取り付けはさまざまな工夫と金物である。

傾斜地の家1のエントランスホール

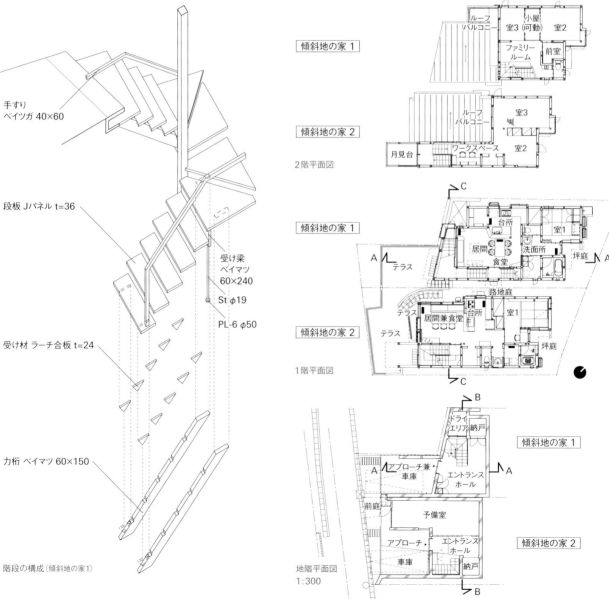

手すり
ベイツガ 40×60

段板 Jパネル t=36

受け梁
ベイマツ
60×240

St φ19

PL-6 φ50

受け材 ラーチ合板 t=24

力桁 ベイマツ 60×150

階段の構成（傾斜地の家1）

傾斜地の家 1

傾斜地の家 2

2階平面図

傾斜地の家 1

傾斜地の家 2

1階平面図

傾斜地の家 1

傾斜地の家 2

地階平面図
1：300

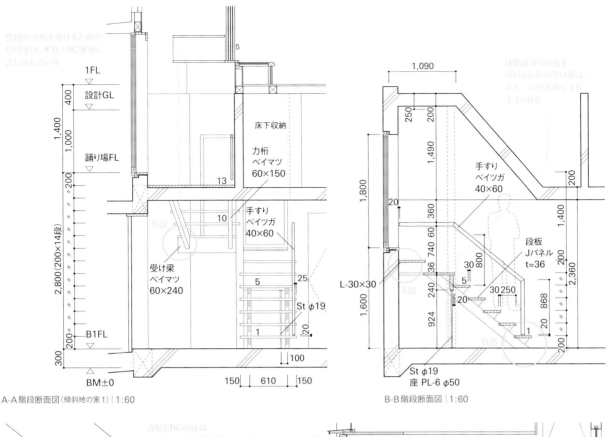

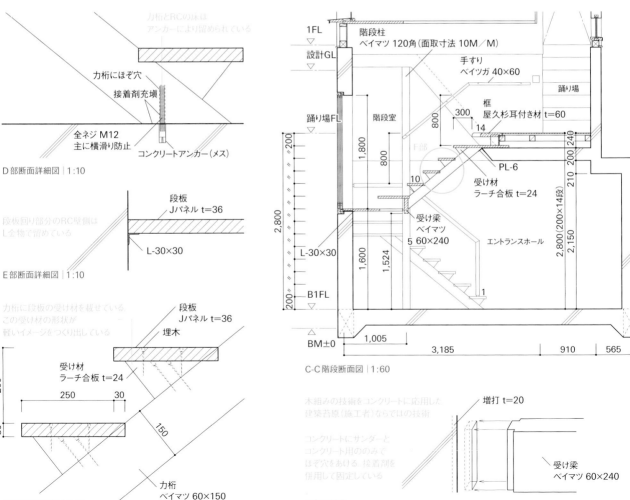

階段の力桁を受けるための
受け梁は、木柱とRC躯体に
差し込んでいる

1FL
設計GL
400
1,000
1,400
踊り場FL
200
13
床下収納
力桁
ベイマツ
60×150
手すり
ベイツガ
40×60
G部
10
受け梁
ベイマツ
60×240
2,800(200×14段)
200
B1FL
300
BM±0

5
25
St φ19
20
1
100
150 610 150

A-A階段断面図〈傾斜地の家1〉|1:60

地形床からの桁を
受けるための受け梁は、
スチールの丸柱により
支えられる

1,090
250 200
1,490
1,800
360 360
20
60
740
36
240
924
1,600
L-30×30
E部
手すり
ベイツガ
40×60
段板
Jパネル
t=36
30
800
5
30 250
20
868
20
1
200
1,400
2,360
200
200
D部
St φ19
座 PL-6 φ50

B-B階段断面図|1:60

力桁とRCの床は
アンカーにより留められている

力桁にほぞ穴
接着剤充填
全ネジ M12
主に横滑り防止
コンクリートアンカー(メス)

D部断面詳細図|1:10

段板回り部分のRC壁側は
L金物で留めている

段板
Jパネル t=36
L-30×30

E部断面詳細図|1:10

力桁に段板の受け材を載せている。
この受け材の形状が
軽いイメージをつくり出している

段板
Jパネル t=36
埋木
受け材
ラーチ合板 t=24
250 30
150
力桁
ベイマツ 60×150

F部断面詳細図|1:10

1FL
設計GL
踊り場FL
200
200
2,800
1,600
200
B1FL
200
BM±0

階段柱
ベイマツ 120角(面取寸法 10M／M)
手すり
ベイツガ 40×60
踊り場
框
屋久杉耳付き材 t=60
14
PL-6
受け材
ラーチ合板 t=24
受け梁
ベイマツ
60×240
エントランスホール
階段室
1,800
800
800
F部
300
10
L-30×30
1,524
5
1
240
200 200
210
210
2,800(200×14段)
2,150
G部
1,005
3,185 910 565

C-C階段断面図|1:60

木組みの技術をコンクリートに応用した
建築若原〔施工者〕ならではの技術

コンクリートにサンダーと
コンクリート用ののみで
ほぞ穴をあける。接着剤を
併用して固定している

増打 t=20
受け梁
ベイマツ 60×240

G部の構成

(33) **白鷹の家/
SNOW LIGHT
HOUSE**

設計者:渋谷達郎+アーキテクチュア
ランドスケープ一級建築士事務所

構造設計:鈴木啓/ASA

規模:木造 地上2階

所在地:山形県西置賜郡|竣工年:2010年

吹抜けにある段板と蹴込み板で構成している軽やかな階段である。壁面側に差し込むことで階段の形状を保持している。スチールのフラットバーでつくられた手すりは、2階床の構造材から吊り下げられ、階段と同じ勾配で手すりの機能を果たすべき位置をなぞりながら2階の腰壁にたどり着いている。空間に流れる風をそのままデザインしたような、ふわっと浮遊している手すりである。

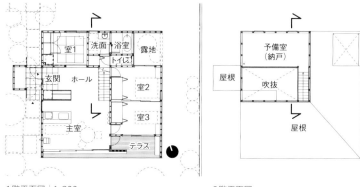

1階平面図|1:300　　　　　2階平面図

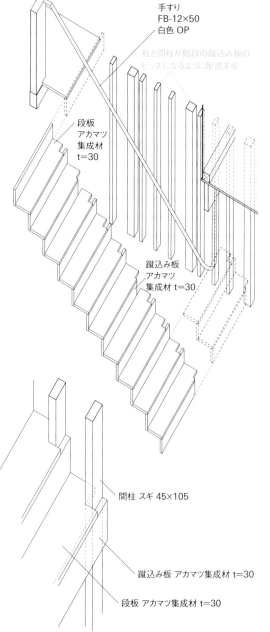

手すり
FB-12×50
白色 OP

柱と間柱が階段の蹴込み板のピッチになるように配置する

段板
アカマツ
集成材
t=30

蹴込み板
アカマツ
集成材 t=30

間柱 スギ 45×105

蹴込み板 アカマツ集成材 t=30

段板 アカマツ集成材 t=30

階段の構成

ホール吹抜けに配された階段。軽やかに浮いた手すりが階段とともに空間にアクセントを与えている

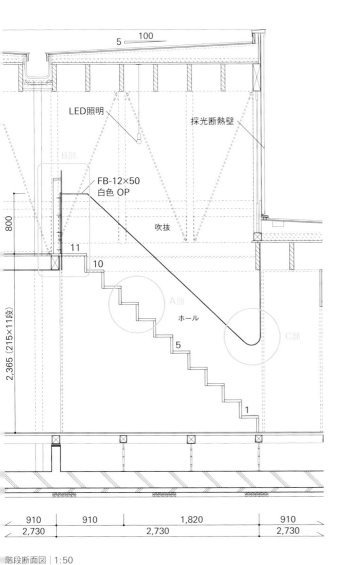

LED照明

採光断熱壁

FB-12×50
白色 OP

吹抜

800

11

10

A部

ホール

C部

5

1

2,365 (215×11段)

910　910　1,820　910
2,730　　2,730　　2,730

階段断面図｜1:50

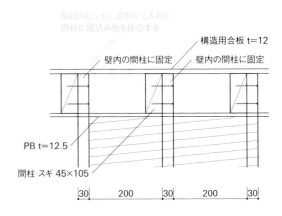

30

185

30

185

30

段板
アカマツ集成材 t=30

蹴込み板
アカマツ集成材 t=30

215

230

木栓

木ネジ皿頭

段板と蹴込み板を結合する
ことで階段全体を一体化して
強度を高めている

A部断面詳細図｜1:10

階段のピッチに合わせて入れた
間柱に蹴込み板を接合する

構造用合板 t=12

壁内の間柱に固定　　壁内の間柱に固定

PB t=12.5

間柱 スギ 45×105

30　200　30　200　30

A部平面詳細図｜1:10

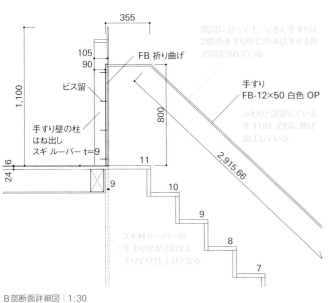

355

105

90

FB 折り曲げ

ビス留

1,100

手すり壁の柱
はね出し
スギ ルーバー t=9

24

6

9

11

10

9

8

7

800

階段に沿って上ってきた手すりは
2階の手すり壁にのみ込ませる形
で固定されている

手すり
FB-12×50 白色 OP

ふわりと浮遊している
手すりは、Z形に曲げ
加工している

2,915.66

スギオルーバーの
手すり壁がそのまま
下りて壁仕上げとなる

B部断面詳細図｜1:30

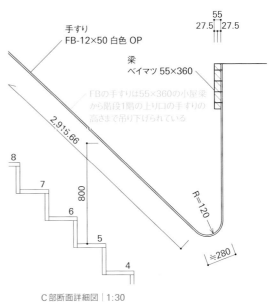

手すり
FB-12×50 白色 OP

55
27.5　27.5

梁
ベイマツ 55×360

FBの手すりは55×360の小屋梁
から階段1階の上り口の手すりの
高さまで吊り下げられている

2,915.66

8

7

6

5

4

800

R=120

≒280

C部断面詳細図｜1:30

34 松庵の家

設計者：手嶋保建築事務所
規模：木造 地上2階
所在地：東京都杉並区｜竣工年：2013年

玄関まわりに絡んだ階段で、玄関土間から地下にある収納へのコンクリートの階段があり、その上部に玄関ホールから2階へとつながる木造階段を載せている。桁を見せないデザインで、中央の階段壁と周囲の壁に、段板と蹴込み板でL形の断面形状をしている段板をのみ込ませている。

折返しの回り部分はシナ合板を曲げたゆるやかな曲面の壁、中央壁はカラマツの板張りで端部のR加工、手すりはナラ材でグリップの良い形状にするなどして人が触れたり、ぶつかったりしそうな部分への細かな配慮と繊細な設計がなされている。

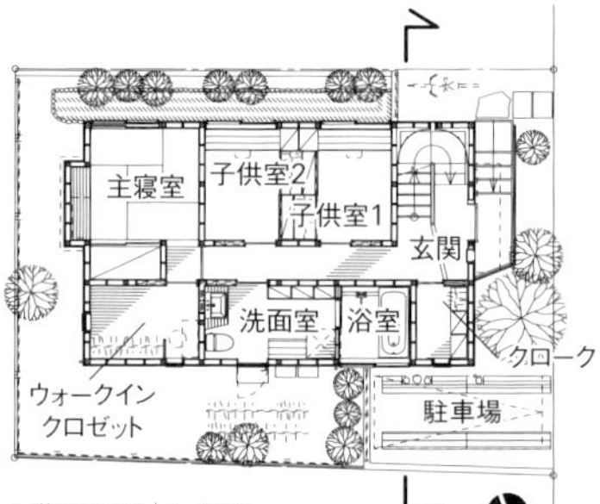
主寝室
子供室2
子供室1
玄関
洗面室
浴室
クローク
ウォークイン
クロゼット
駐車場
1階平面図｜1:300

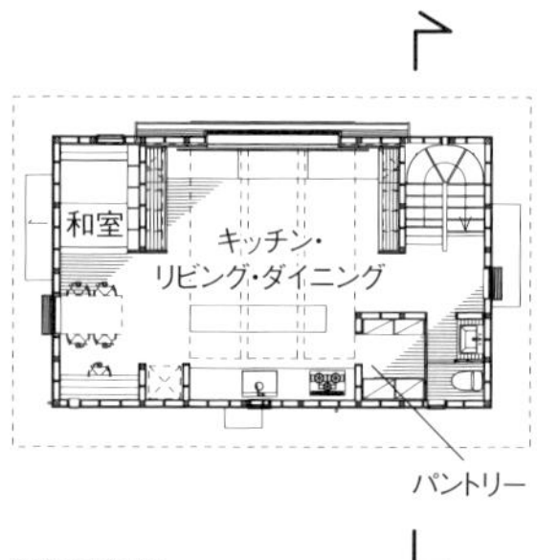
和室
キッチン・
リビング・ダイニング
パントリー
2階平面図

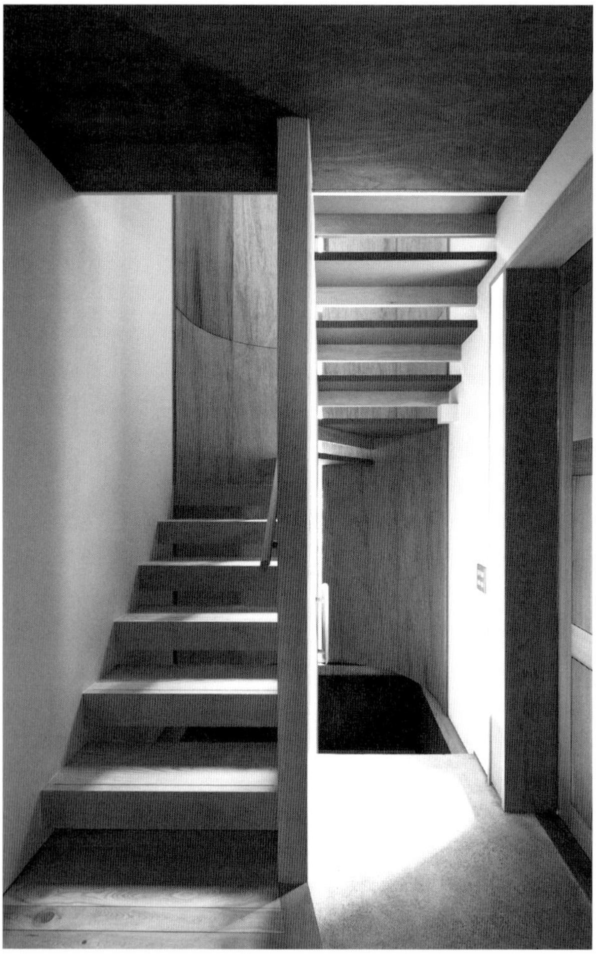
玄関ホールより階段を見る。たたきより地階に続く階段がある

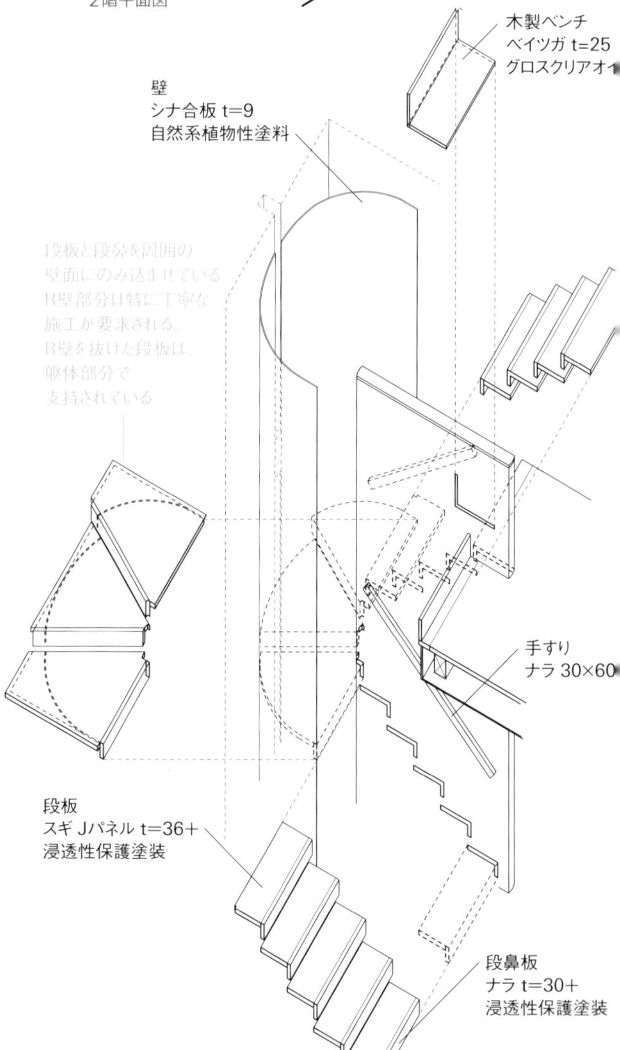
木製ベンチ
ベイツガ t=25
グロスクリアオイ
壁
シナ合板 t=9
自然系植物性塗料
段板と段鼻を周囲の
壁面にのみ込ませている
R壁部分は特に丁寧な
施工が要求される。
R壁を抜けた段板は、
躯体部分で
支持されている
手すり
ナラ 30×60
段板
スギ Jパネル t=36+
浸透性保護塗装
段鼻板
ナラ t=30+
浸透性保護塗装
階段の構成

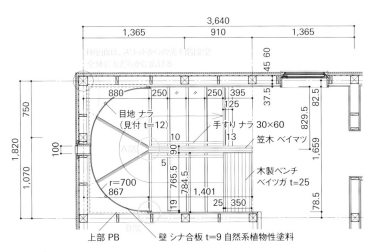

階段平面図 | 1:50

目地 ナラ
(見付 t=12)

手すり ナラ 30×60

笠木 ベイマツ

木製ベンチ
ベイツガ t=25

r=700
867

上部 PB

壁 シナ合板 t=9 自然系植物性塗料

A 部平面詳細図 | 1:5

カラマツ縁甲板 t=14
自然系植物性塗料

ノンスリップ

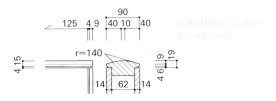

r=140

C 部笠木詳細図 | 1:10

シナ合板 t=9＋
自然系植物性塗料
端部丸面取り

PB t=12.5＋
漆喰塗料2回塗＋
紙下地

B 部平面詳細図 | 1:5

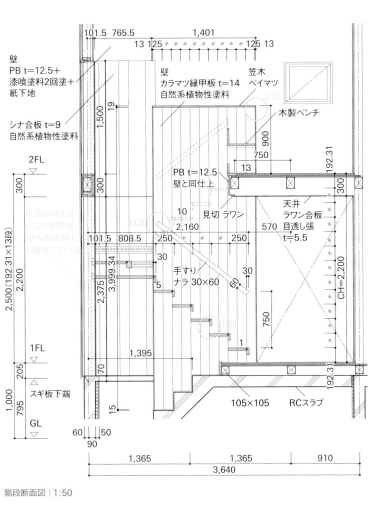

階段断面図 | 1:50

壁
PB t=12.5＋
漆喰塗料2回塗＋
紙下地

シナ合板 t=9
自然系植物性塗料

2FL

1FL

スギ板下端

GL

壁
カラマツ縁甲板 t=14
自然系植物性塗料

笠木
ベイマツ

木製ベンチ

C 部

PB t=12.5
壁と同仕上

見切 ラワン

天井
ラワン合板
目透し張
t=5.5

CH＝2,200

手すり
ナラ 30×60

105×105　RCスラブ

手すり ナラ
ブラケット
ナラ φ25

化粧楔
堅木
φ25

D 部手すり詳細図 | 1:5

ノンスリップ

段板
スギ Jパネル t=36＋
浸透性保護塗装

段鼻板
ナラ t=30＋
浸透性保護塗装

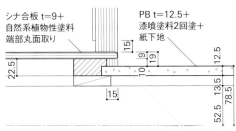

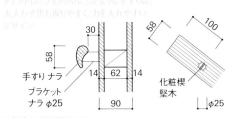

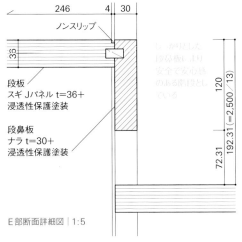

E 部断面詳細図 | 1:5

㉟ シロガネの家

設計者：武井誠＋鍋島千恵／TNA
構造設計：鈴木啓／ASA
規模：木造 地上2階
所在地：東京都世田谷区｜竣工年：2009年

本事例の空間構成→Chapter2｜p.047

木造の立体的なワンルーム空間に、さまざまな構造形式による片持ち階段を設けた住宅。RC壁が立ち上がるGL＋1,880mmを境に、階段自体の構造も切り替わる。それぞれの構造では、複数の段板を支持する方法が実践されているが、視覚的には、いずれも薄い段板が軽やかに壁面から持ち出される姿に統一されている。なかでも右図の木造階段は、スチール部材等の補強なしに、木製段板のみによる片持ち階段を実現している。

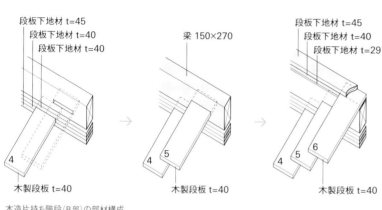

木造片持ち階段（B部）の部材構成

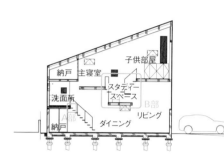

断面図｜1:300

各フロア間を枝分かれしながら浮遊するようにつなぐ木造片持ち階段

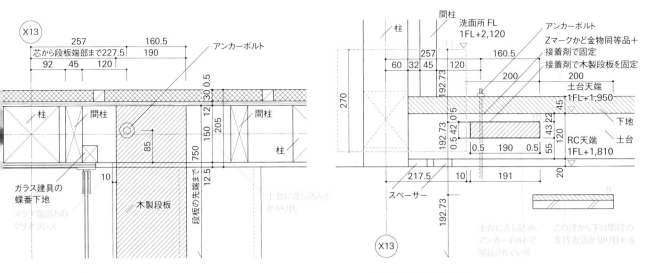

A部階段平面詳細図 | 1:10

A部階段断面詳細図 | 1:10

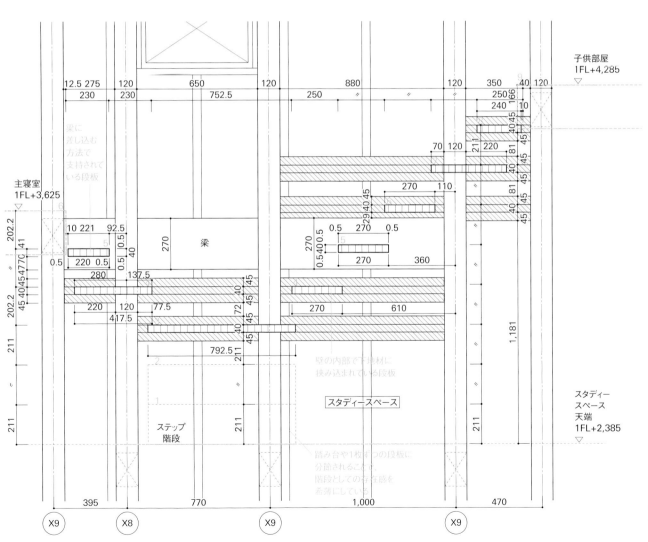

B部階段断面詳細図 | 1:20

36 大磯の家

設計者：手嶋保建築事務所
構造設計：池田昌弘 | 規模：木造 地上2階
所在地：神奈川県中郡大磯町
竣工年：2014年

壁一面の本棚サイドにある中あき階段である。階段はスチールL-50×50×6をL-30×40×6に加工して稲妻形状のささら桁をつくり、片側のささら桁を本棚の縦隔て板に2段ピッチに9mmボルト2本で支持、反対側のささら桁を天井からφ15の丸鋼3本で吊った軽やかな構造形式になっている。ダイニング側の手すりも軽やかなスチール丸鋼で構成し存在を薄くしている。トップライトからそそぐ光で明るく、階段に座りながら本が読める、居心地のよい場所となっている。

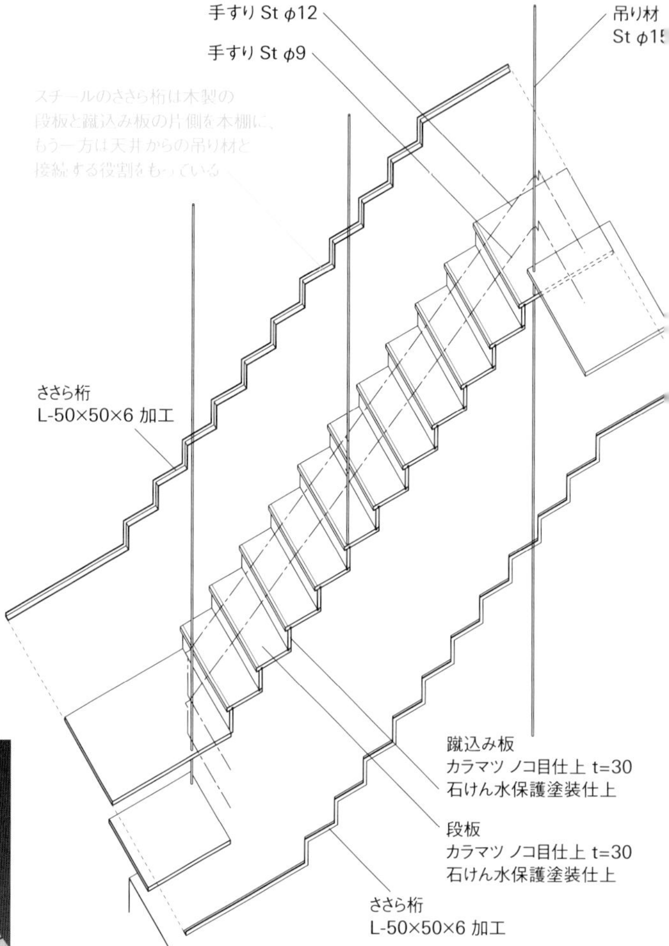

手すり St φ12
手すり St φ9
吊り材 St φ15
スチールのささら桁は木製の段板と蹴込み板の片側を本棚に、もう一方は天井からの吊り材と接続する役割をもっている
ささら桁 L-50×50×6 加工
蹴込み板 カラマツ ノコ目仕上 t=30 石けん水保護塗装仕上
段板 カラマツ ノコ目仕上 t=30 石けん水保護塗装仕上
ささら桁 L-50×50×6 加工

階段の構成

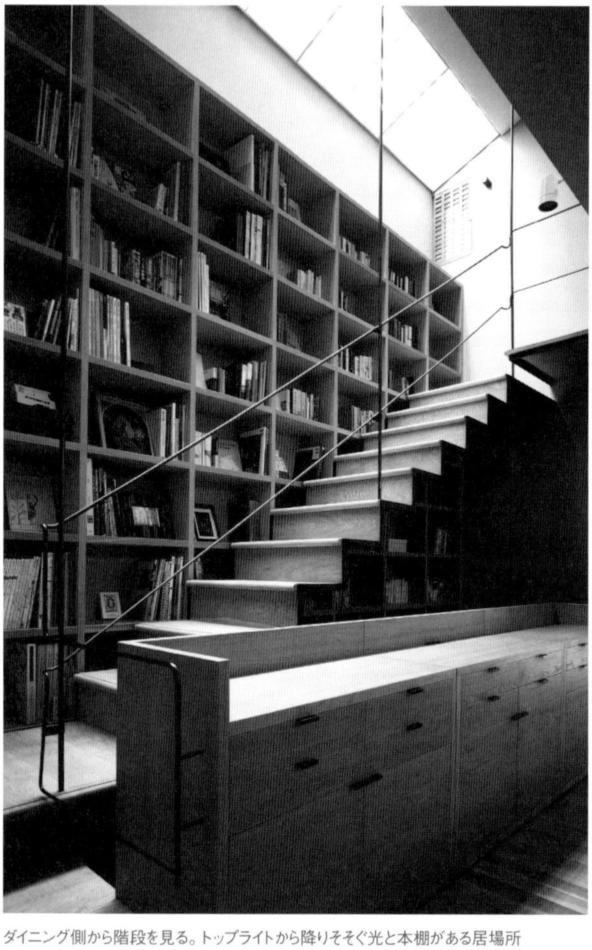
ダイニング側から階段を見る。トップライトから降りそそぐ光と本棚がある居場所

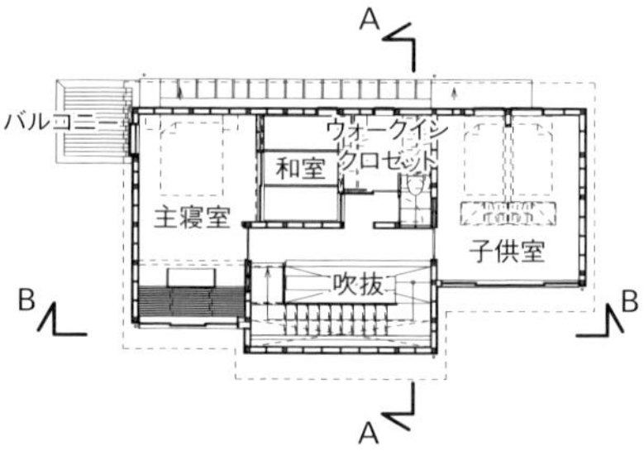

A
B
バルコニー
和室
ウォークインクロゼット
主寝室
子供室
吹抜

2階平面図

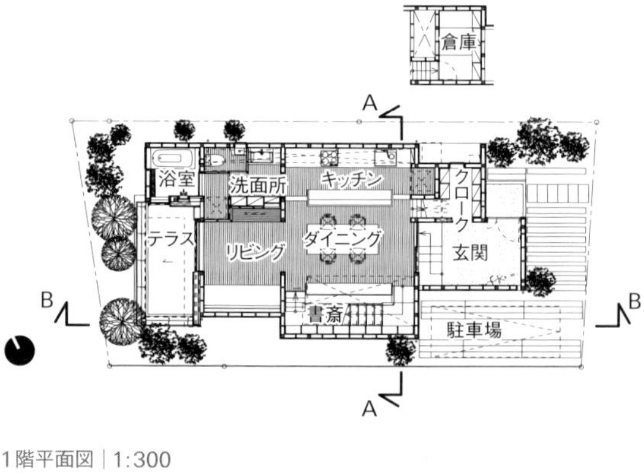

倉庫
A
B
浴室
洗面所
キッチン
クローク
テラス
リビング
ダイニング
玄関
書斎
駐車場

1階平面図 | 1:300

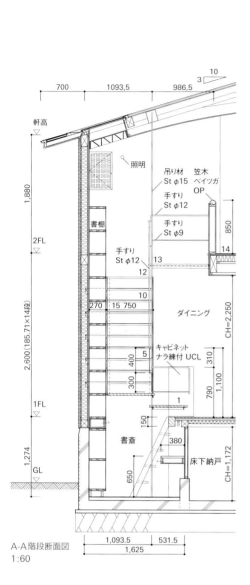

A-A 階段断面図
1:60

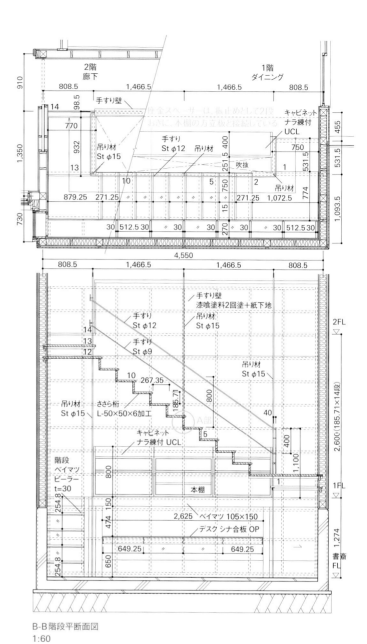

B-B 階段平断面図
1:60

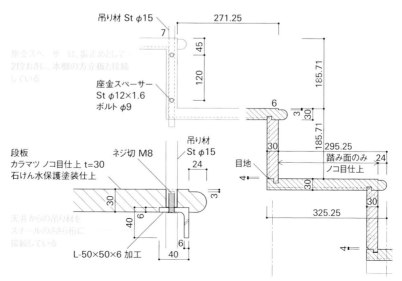

A部断面詳細図｜1:10

吊り材 St φ15

座金スペーサー
St φ12×1.6
ボルト φ9

吊り材
St φ15

段板
カラマツ ノコ目仕上 t=30
石けん水保護塗装仕上

ネジ切 M8

目地

踏み面のみ
ノコ目仕上

L-50×50×6 加工

(37) 深沢ガレージハウス

設計者：柴﨑恭秀＋ランス・アーキテクツ
一級建築士事務所
構造設計：小野里憲一／工学院大学
建築学部建築学科小野里研究室
規模：木造 地上3階
所在地：東京都世田谷区｜竣工年：2010年

壁面は間伐材の隙間をあけながら積層した
デザインになっている。隙間に階段の段板
端部を差し込み、反対側はスチールの丸棒
で吊っている支持方式である。1段おきの
段板を丸棒9mmで屋根の構造材に通し
たL-40×75×5から吊りながら、下階の構
造材に接続することで一体となり成立して
いる構造形式である。その間の段板は丸棒
で吊った段板と振れ止め丸棒6mmでつ
ないでいる。

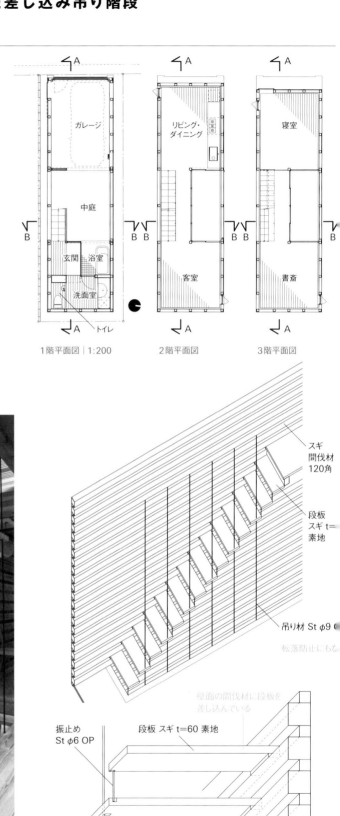

1階平面図｜1:200　　2階平面図　　3階平面図

スギ
間伐材
120角

段板
スギ t=
素地

吊り材 St φ9

転落防止にもな

壁面の間伐材に段板を
差し込んでいる

振止め
St φ6 OP

段板 スギ t=60 素地

階段の
構成

吊り材 St φ9 OP

2階廊下から3階へ上る階段を見る。
秩序だった壁面と段板、吊り材の関係が繊細で美しい

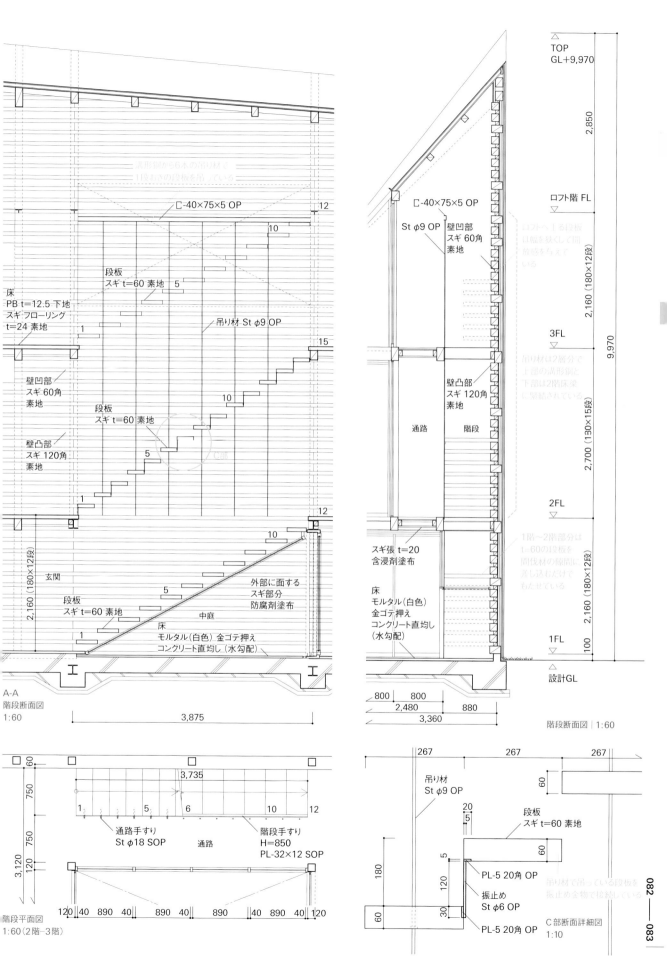

□-40×75×5 OP

段板
スギ t=60 素地

床
PB t=12.5 下地
スギ フローリング
t=24 素地

吊り材 St φ9 OP

壁凹部
スギ 60角
素地

段板
スギ t=60 素地

壁凸部
スギ 120角
素地

玄関

2,160（180×12段）

段板
スギ t=60 素地

外部に面する
スギ部分
防腐剤塗布

中庭

床
モルタル（白色）金ゴテ押え
コンクリート直均し（水勾配）

A-A
階段断面図
1:60

3,875

□-40×75×5 OP

St φ9 OP

壁凹部
スギ 60角
素地

壁凸部
スギ 120角
素地

通路　　階段

スギ張 t=20
含浸剤塗布

床
モルタル（白色）
金ゴテ押え
コンクリート直均し
（水勾配）

TOP
GL+9,970

2,850

ロフト階 FL

2,160（180×12段）

9,970

3FL

2,700（130×15段）

2FL

2,160（180×12段）

1FL

100

設計GL

800　800
2,480　　880
3,360

階段断面図 | 1:60

60
750
3,120
750
120

3,735

1　　5　　6　　　10　　12

通路手すり
St φ18 SOP

通路

階段手すり
H=850
PL-32×12 SOP

120 40 890 40 890 40 890 40 890 40 120

階段平面図
1:60（2階−3階）

267　　　　267　　　　267

吊り材
St φ9 OP

60

段板
スギ t=60 素地

20
5

60

180

120

PL-5 20角 OP

振止め
St φ6 OP

5
30

60

PL-5 20角 OP

C部断面詳細図
1:10

W5
木と鉄のハイブリッド階段

㊳ Y邸

設計者：平野勝雅／大建met
構造設計：藤尾建築構造設計事務所
規模：木造＋鉄骨造 地上2階
所在地：岐阜県大垣市｜竣工年：2009年

リノベーションした伝統木造家屋に設置した段板と蹴込み板による稲妻状の吊り階段である。片側を1段ごとの段板をスチールの丸鋼φ10で既存梁に取り付けたスチールL-75×50から吊っている。もう片方は既存の開口部や真壁には接続しないように、1階床から2階の床梁へスチールの稲妻型の自立したささら桁で支える構造になっている。ささら桁は12mmのプレートと段板の受けリブ3.2mmで構成されている。

土間の上がりから階段を見る。建具の縦格子と吊り材がなじんでいる

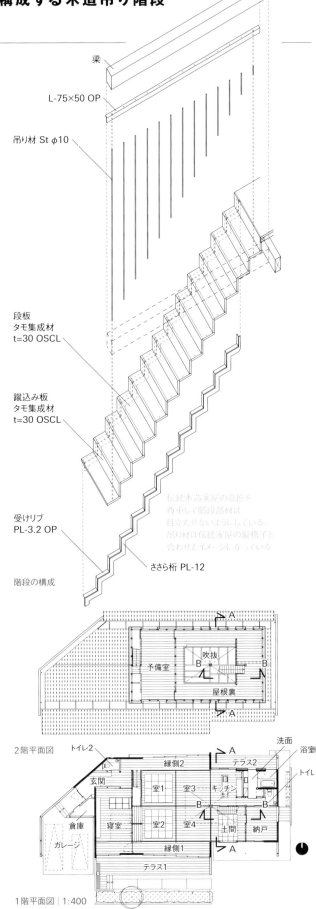

梁

L-75×50 OP

吊り材 St φ10

段板
タモ集成材
t=30 OSCL

蹴込み板
タモ集成材
t=30 OSCL

受けリブ
PL-3.2 OP

ささら桁 PL-12

伝統木造家屋の意匠を
尊重して階段部材は
目立たせないようにしている。
吊り材は伝統家屋の縦格子と
合わせたイメージになっている

階段の構成

予備室　吹抜　屋根裏

2階平面図

トイレ2　縁側2　テラス2　洗面　浴室　トイレ
玄関　室1　室3　キッチン
倉庫　寝室　室2　室4　土間　納戸
ガレージ　縁側1
テラス1

1階平面図｜1：400

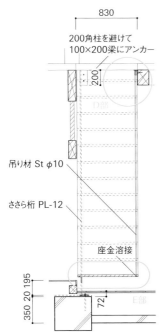

830

200角柱を避けて
100×200梁にアンカー

200

D部

吊り材 St φ10

ささら桁 PL-12

座金溶接

E部

350 20 195

72

A-A階段断面図 | 1:50

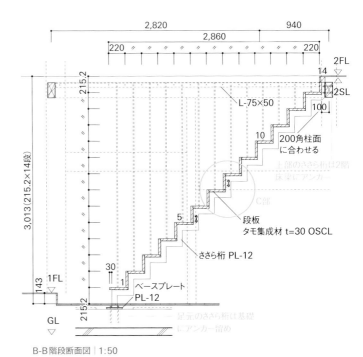

2,820　　940

2,860

220　　　　　　　　220

2FL

215.2

14

L-75×50

2SL

100

200角柱面
に合わせる

10

上部のささら桁は2階
床梁にアンカー

C部

5

段板
タモ集成材 t=30 OSCL

3,013(215.2×14段)

ささら桁 PL-12

30

1

143　1FL

ベースプレート
PL-12

215.2

GL

足元のささら桁は基礎
にアンカー留め

B-B階段断面図 | 1:50

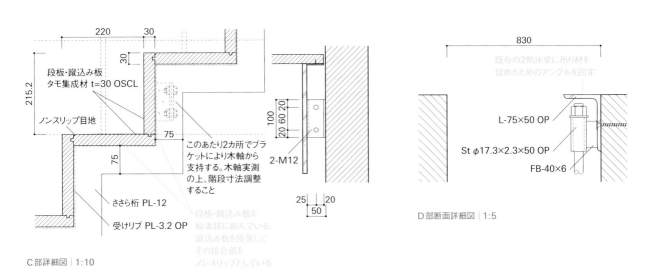

220　　30

30

段板・蹴込み板
タモ集成材 t=30 OSCL

215.2

ノンスリップ目地

75

このあたり2カ所でブラ
ケットにより木軸から
支持する。木軸実測
の上、階段寸法調整
すること

75

2-M12

100

20 60 20

25　20

50

ささら桁 PL-12

受けリブ PL-3.2 OP

段板・蹴込み板を
稲妻状に組んでいる。
蹴込み板を優先して
その接合部を
ノンスリップとしている

C部詳細図 | 1:10

振止めは木造の柱
部分に目立たない
位置で固定している

C部ささら桁支持ブラケット
平面詳細図 | 1:10

75

20

50

25

830

既存の2階床梁に吊り材を
留めるためのアングルを固定

L-75×50 OP

St φ17.3×2.3×50 OP

FB-40×6

D部断面詳細図 | 1:5

5　　820　　5

200角柱を避ける寸法

50以上

25

30

75

受けリブ
PL-3.2 OP

ささら桁
PL-12

座金溶接

E部断面詳細図
1:5

㊴ **興野の建物**

設計者：齋藤由和／アデザイン
構造設計：満田衛資構造計画研究所
規模：木造（一部RC造）地下1階、地上3階
所在地：東京都｜竣工年：2012年

微細で小さな検討を積み重ねてつくった狭小住宅の階段。各階の用途に必要な高さの階高をそれぞれ設定し、よりコンパクトにするため回り部分を7段で割り付けた回り階段である。スチールのささら桁を使った通路部分の確保や、平面を斜めにした階段下の洗濯機置き場などだけでなく、階段を腰掛ける居場所としてみたり、段板を階床から階床への空間の連続となるようにグラデーションで色付けをしたりして、限られたなかでのデザインの工夫をしている。

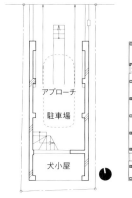

地階平面図｜1:200

1階平面図

2階平面図

3階平面図

2階から3階へ上る途中でダイニングを見る。段板にはグラデーションの色付けが施されている

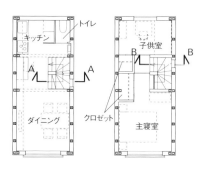

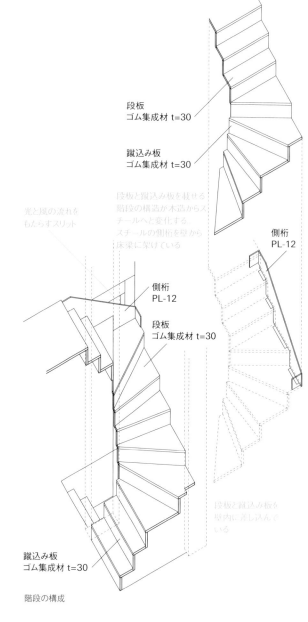

段板
ゴム集成材 t=30

蹴込み板
ゴム集成材 t=30

段板と蹴込み板を載せる
階段の構造が木造からスチールへと変化する。
スチールの側桁を壁から床梁に架けている

光と風の流れを
もたらすスリット

側桁
PL-12

側桁
PL-12

段板
ゴム集成材 t=30

段板と蹴込み板を
壁内に差し込んで
いる

蹴込み板
ゴム集成材 t=30

階段の構成

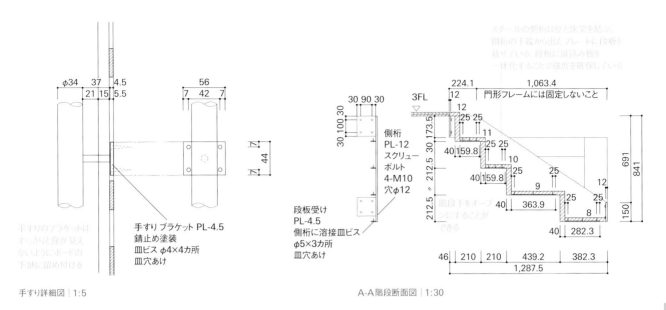

φ34 37 4.5
21 15 5.5
56
7 42 7

44

3FL ▽

224.1 1,063.4
12 門形フレームには固定しないこと
12
25 25
11
25 25
40 159.8
10
40 159.8 25 25
9
40 363.9 25 25
12
40 282.3 8
150
691
841

側桁
PL-12
スクリュー
ボルト
4-M10
穴φ12

30 90 30
30 100 30
212.5
212.5 ″
212.5

段板受け
PL-4.5
側桁に溶接皿ビス
φ5×3カ所
皿穴あけ

階段下をオープ
ンにすることが
できる

46 210 210 439.2 382.3
1,287.5

手すりのブラケットは
すっきりと座が見え
ないようにボードの
下地に留め付ける

手すりブラケット PL-4.5
錆止め塗装
皿ビス φ4×4カ所
皿穴あけ

手すり詳細図 | 1:5

A-A階段断面図 | 1:30

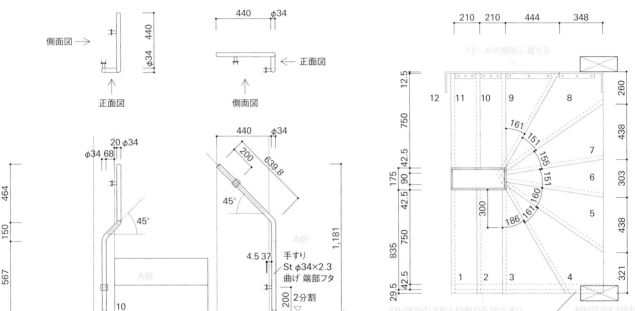

側面図 →
← 正面図
正面図

440 φ34
φ34 440
← 正面図
側面図

210 210 444 348
スチールの側桁に載せる

12 11 10 9 8
161
151
155
151
186 161 160
1 2 3 4

12.5
750
42.5
90
42.5
175
300
750
835
42.5
29.5

260
438
303
438
321

回り部分の法的な段板の有効寸法は、
内側から300の部分で測る

回り部分を7段割
付けにしている

7分割階段

210 210 516 306

階段平面図 | 1:30

20 φ34
φ34 68
φ34 68
φ34 20

A側
10
B側

45°
45°

464
150
567
567 または 467
150
464
5
1

440 φ34
200 639.8
45°

A側
手すり
St φ34×2.3
曲げ 端部フタ
2分割

インローパイプ
St φ27.2を
A側に溶接 ℓ=50
B側に固定用
タッピング穴 φ5

4.5 37

200
200
200
200
639.8
200
45°

A側
B側
1,181
1,181 または 1,081
5
1

ダイニングに向かってオープン
にすることで座ったりすることの
できる居場所にしている

階段室壁にまとう手すり
同じ形の手すり2本を
上下に回転させて
接続している

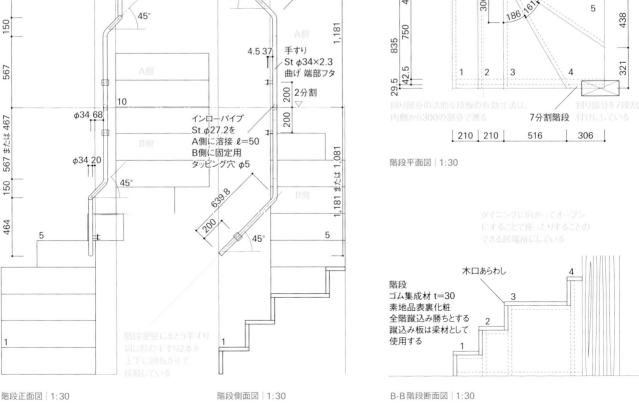

木口あらわし
4
3
2
1

階段
ゴム集成材 t=30
素地品表裏化粧
全階蹴込み勝ちとする
蹴込み板は梁材として
使用する

階段正面図 | 1:30
階段側面図 | 1:30
B-B階段断面図 | 1:30

(40) マルサンカク シカクイエ

設計者：長岡勉＋田中正洋／POINT
構造設計：横尾真／OUVI
規模：木造 地上2階
所在地：東京都杉並区｜竣工年：2011年

1階のダイニングに面した部分は居場所と収納を兼ねた箱階段となっている。座るために椅子の座面高さに近い2段目は特に大きな踏み面としている。回り部分から2階へ向かう直進階段部分は蹴込み部分にスチールのプレートを用いて階段を一体化する構造になっている。中2階の和室前の沓脱ぎ板はアクセントとなる円盤状になっており、和室へ入る特別感を与えている。平面や断面の周囲に生まれた隙間を通して空間へ光や人の気配がつながるようになっている。

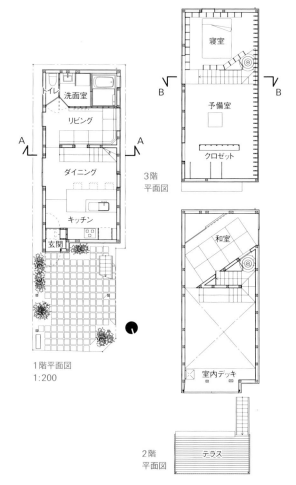

3階平面図

1階平面図
1:200

2階平面図

テラス

キッチンからダイニングごしに階段を見る。
座るのにちょうどよい高さの段板を広くとり、居場所となるようにしている

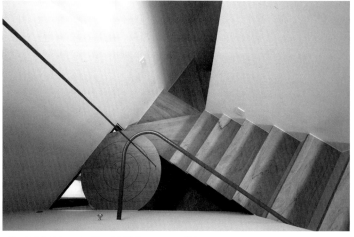

2階から階段を見下ろす。1階の家具階段からスチール階段へシフトしていく。
円形の沓脱ぎ板は壁面への差込みと丸鋼により吊られている

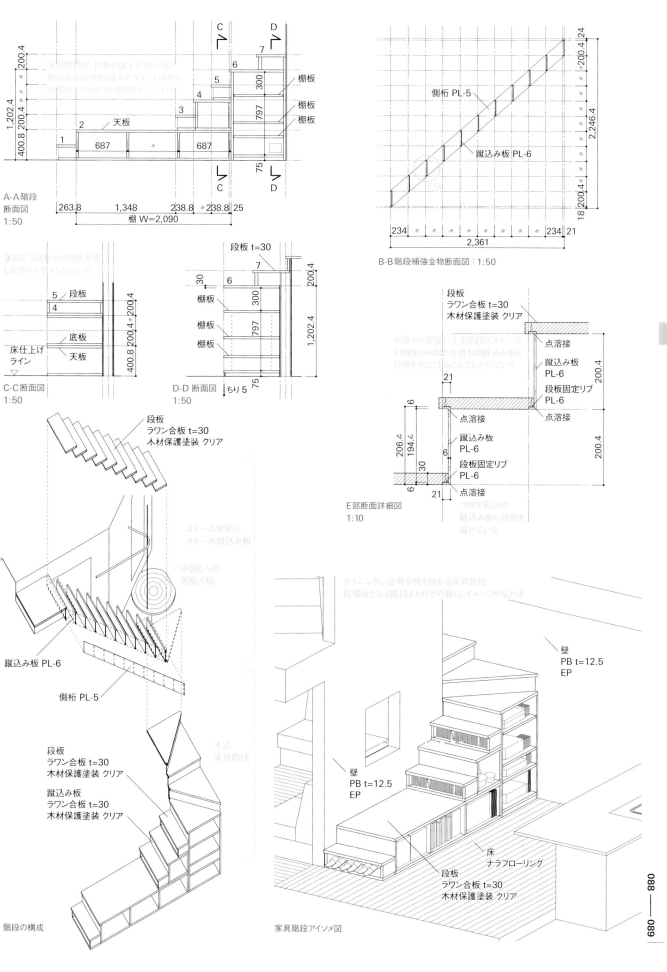

A-A 階段断面図 1:50

家具階段は、段板と躍上りの寸法と
物の大きさとの関係をデザインしなが
ら、居心地のよいような調整をしている

7
6
5
4
3
2 天板
1

棚板
棚板
棚板

300
797
75

687   687

200.4
200.4
400.8 200.4
1,202.4

263.8   1,348   238.8   238.8 25
棚 W=2,090

C-C 断面図 1:50

実際に収納される物を考慮
しながらデザインしている

5 段板
4
底板
天板

床仕上げ
ライン

400.8 200.4 200.4

D-D 断面図 1:50

段板 t=30
7
6   棚板
棚板
棚板

30
300
797
75

200.4
1,202.4

ちり5

B-B 階段補強金物断面図 | 1:50

側桁 PL-5
蹴込み板 PL-6

200.4 24
2,246.4
200.4
18 200.4

234   2,361   234 21

E部断面詳細図 1:10

和室から寝室に上る階段はスチール
の側桁から出た片持ちの蹴込み板と
段板を固定することでもたせている

段板
ラワン合板 t=30
木材保護塗装 クリア

点溶接
蹴込み板 PL-6
段板固定リブ PL-6
点溶接

21
6
206.4 194.4
30
6
21

点溶接
蹴込み板 PL-6
段板固定リブ PL-6
点溶接

200.4
200.4

コの字形状の
蹴込み板に段板を
載せている

段板
ラワン合板 t=30
木材保護塗装 クリア

スチール側桁と
スチール蹴込み板

中2階への
沓脱ぎ板

蹴込み板 PL-6
側桁 PL-5

段板
ラワン合板 t=30
木材保護塗装 クリア

蹴込み板
ラワン合板 t=30
木材保護塗装 クリア

木造
家具階段

階段の構成

ダイニングに必要な物を納める家具階段
居場所となる階段まわりでの暮らしイメージが伝わる

壁
PB t=12.5
EP

壁
PB t=12.5
EP

床
ナラフローリング

段板
ラワン合板 t=30
木材保護塗装 クリア

家具階段アイソメ図

(41) 目黒本町の住宅

設計者：トラフ建築設計事務所

構造アドバイス：大野博史／オーノJAPAN

規模：RC造 地下1階、地上33階

所在地：東京都目黒区 ｜ 竣工年：2011年

本事例の空間構成→Chapter2 ｜ p.026

RC造ビルのリノベーションにおいて、新たに2−3階をつなぐ階段。階段の構造は上下で切り替わり、収納を兼ねた木造の箱階段と、箱の上面と3階床とをタラップのようにつなぐ鉄骨造階段とを組み合わせている。とりわけ下部の箱階段は、住宅の中心で暮らしを支え、その上面の踊り場は、中間階の小さな居場所として使えるなど、複合的な役割を担う。また構造の切り替えは、プランの中心に据えながらも、階段自体の存在感を薄めている。

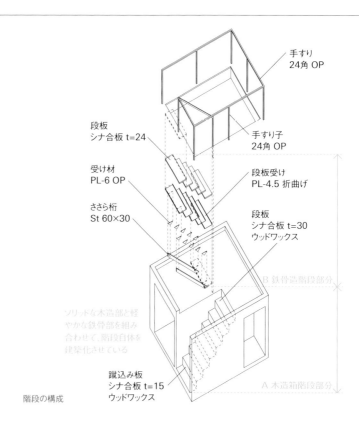

手すり
24角 OP

手すり子
24角 OP

段板
シナ合板 t=24

受け材
PL-6 OP

段板受け
PL-4.5 折曲げ

ささら桁
St 60×30

段板
シナ合板 t=30
ウッドワックス

B 鉄骨造階段部分

ソリッドな木造部と軽やかな鉄骨部を組み合わせて、階段自体を建築化させている

蹴込み板
シナ合板 t=15
ウッドワックス

A 木造箱階段部分

階段の構成

収納を兼ねた木造箱階段の上部で、軽やかに据えられた鉄骨造階段

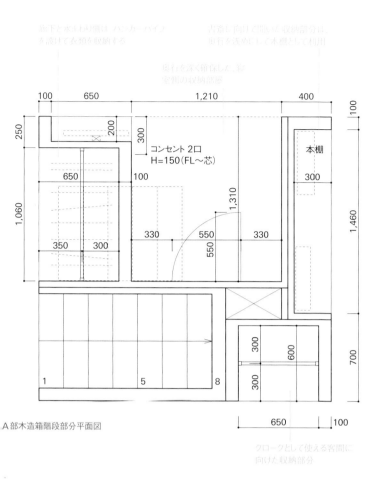

100 650 1,210 400

250
200
300 コンセント 2口
H=150（FL～芯）

本棚

650 100 300

1,060

1,310

350 300 330 550 330

550

1,460

700

300 600

300

1 5 8

A部木造箱階段部分平面図

650 100

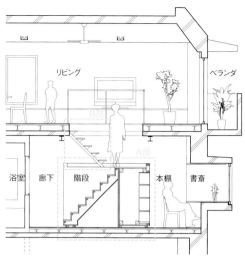

リビング　ベランダ

浴室　廊下　階段　本棚　書斎

A部

階段まわり断面図

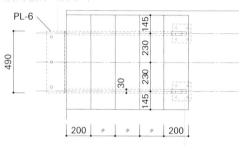

PL-6

145
230
230
145

490 30

200 〃 〃 200

B部鉄骨造階段部分平面図

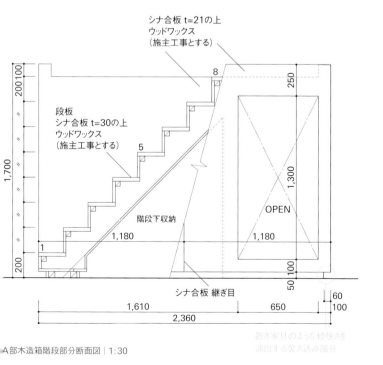

シナ合板 t=21の上
ウッドワックス
（施主工事とする）

8

250

段板
シナ合板 t=30の上
ウッドワックス
（施主工事とする）

5

1,700

1,300

階段下収納

1,180

OPEN

1,180

1

200

50 100

シナ合板 継ぎ目

60
100

1,610 650

2,360

A部木造箱階段部分断面図 | 1:30

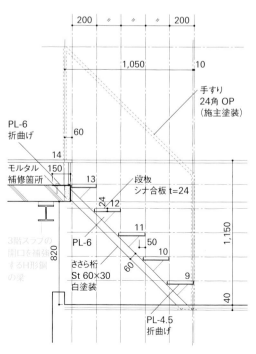

200 〃 〃 200

1,050 10

手すり
24角 OP
（施主塗装）

60

PL-6
折曲げ

14
150 13

モルタル
補修箇所

24 12

段板
シナ合板 t=24

820

PL-6

11

50 10

1,150

ささら桁
St 60×30
白塗装

60

9

40

PL-4.5
折曲げ

B部鉄骨造階段部分断面図 | 1:30

笹目町の家

設計者：手嶋保建築事務所
構造：山田憲明構造設計事務所
規模：木造 地上2階
所在地：神奈川県鎌倉市｜竣工年：2013年

小規模な木造住宅のシンプルな部材で構成された鉄骨直進階段である。

側桁は直進階段としては最小であろうFB-19×90、段板もPL-9のみというぎりぎりの部材寸法で構成されていて、決して広くはないリビング・ダイニングの片隅で、あえて存在を主張しない階段となっている。

側桁脚部は基礎コンクリートにアンカーボルトをセットし、階段取付け後に床仕上げモルタルで一体に仕上げることにより、アンカーボルトは埋め込まれて見えない。

また、段板には開先加工がされ、溶接後のサンダー仕上げにより美しい接合部となるよう配慮されている。

手すりは手触りもよく、ロングスパンを飛ばすことができる丸鋼φ22を使用している。

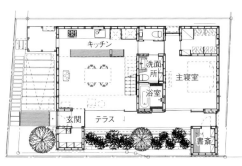

1階平面図｜1:250

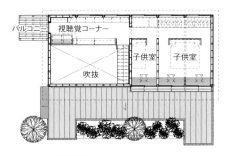

2階平面図

吹抜けとしたリビング・ダイニングの片隅にある軽やかな階段

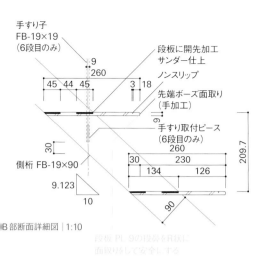

手すり子
FB-19×19
(6段目のみ)

段板に開先加工
サンダー仕上
ノンスリップ
先端ボーズ面取り
(手加工)
手すり取付ピース
(6段目のみ)

側桁 FB-19×90

B部断面詳細図 | 1:10

段板 PL-9の段鼻を R状に
面取りをして安全にする

床
シナ合板 t=12 OS
側桁 PL
▽2FL

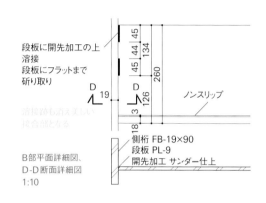

梁受
PL-6 加工
梁天端
欠取
加工
梁 105×270
天井 PB t=12.5 EP

側桁最上部の木梁への取付け部は、
取付けボルトが隠れるよう壁下地に25mmの
クリアランスを確保している。また最上段の木梁は
既存の段板と同様に30mmの彫込みを設けることで、
木梁と鉄骨部が一体感のある仕上りとなっている

A部断面詳細図 | 1:10

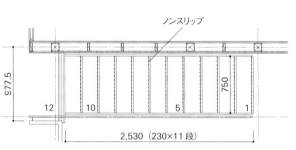

ノンスリップ

階段平面図 | 1:50

段板に開先加工の上
溶接
段板にフラットまで
斫り取り

溶接跡も消え美しい
接合部となる

ノンスリップ

側桁 FB-19×90
段板 PL-9
開先加工 サンダー仕上

B部平面詳細図、
D-D断面詳細図
1:10

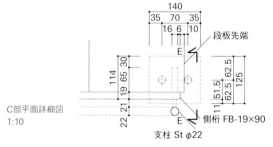

段板先端

側桁 FB-19×90
支柱 St φ22

C部平面詳細図
1:10

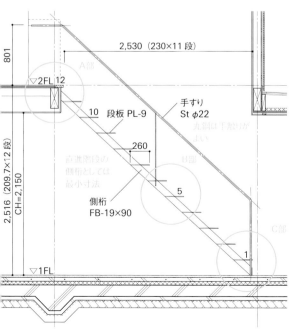

2,530 (230×11 段)

A部

▽2FL

手すり
St φ22

10 段板 PL-9

丸鋼は手触りが
よい

直進階段の
側桁としては
最小寸法

側桁
FB-19×90

C部

階段断面図 | 1:50

側桁と床の接点を極力小さく見
せるシャープな納まり

ベースプレート(125×140)を取り付けた
FB-16×65を側桁内側に溶接して固定する
ことで、側桁の下部を軽やかに見せている

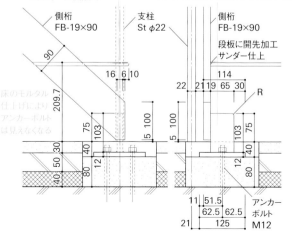

側桁
FB-19×90
支柱
St φ22

側桁
FB-19×90
段板に開先加工
サンダー仕上

床のモルタル
仕上げにより
アンカーボルト
は見えなくなる

アンカー
ボルト
M12

C部断面詳細図 | 1:10   E-E断面詳細図 | 1:10

repository

設計者：五十嵐淳建築設計事務所
構造設計：長谷川大輔構造計画
規模：木造 地下1階、地上2階
所在地：北海道旭川市｜竣工年：2012年

2層を吹き抜けとした大空間の一角にある、折返し部がらせん状の美しい鉄骨折返し階段である。

折返し部が半円状になっている片持ち階段の構成は、おのずと側桁は手間のかかる3次元加工されたスチールプレートとならざるをえないが、この部分が階段のデザイン上の見せ場ともなる。

鉄骨片持ち階段を木造住宅に採用する場合は、木造部分との取付け部に大きな力がかかるため、注意が必要となる。

この住宅の場合は、木造構造材であるしっかりとした根太（105×180）にボルトを貫通させて、側桁を延長したプレートを固定している。

また、2階床の階段取付け部の垂直荷重は2階屋根垂木より2本の丸鋼φ13で吊られている。

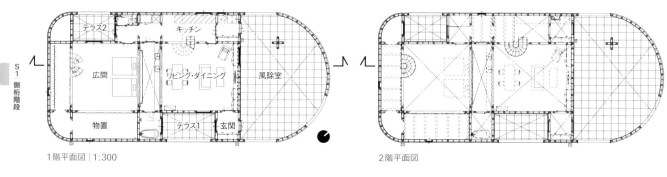

1階平面図｜1:300　　　2階平面図

リビング・ダイニングより階段を見る。奥はキッチン

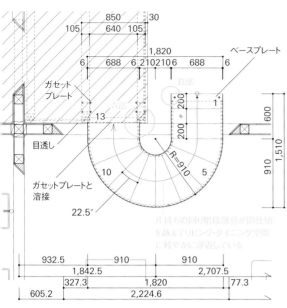

ベースプレート

ガセット
プレート

目透し

ガセットプレートと
溶接

22.5°

R=910

B部

A部

13

850
105 640 105
30

1,820
6 688 6 210210 6 688 6

200 200
200

10 5

932.5 910 910
1,842.5 2,707.5
327.3 1,820 77.3
605.2 2,224.6

600
1,510
910

片持ちの回り階段部分が間仕切
を越えてリビング・ダイニング空間
に軽やかに浮遊している

階段平面図 1:50

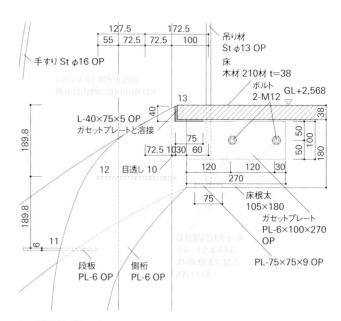

手すり St φ16 OP

吊り材
St φ13 OP

床
木材 210材 t=38

ボルト
2-M12

GL+2,568

L-40×75×5 OP
ガセットプレートと溶接

Lアングルと側桁を溶接
側桁目内側に30mm角材工

127.5 172.5
55 72.5 72.5 100

13

40

75
72.5 10 30
60
120 120 30
270

38
50
100
180
50

189.8

189.8

12 目透し 10

6 11

段板
PL-6 OP

側桁
PL-6 OP

75

床根太
105×180

ガセットプレート
PL-6×100×270
OP

PL-75×75×9 OP

鉄骨階段をガセット
プレートとボルトに
より床根太に結合
されている

A-A断面詳細図 1:10

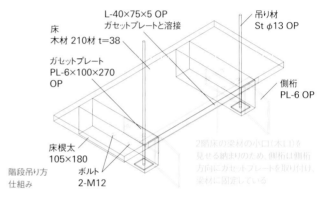

L-40×75×5 OP
ガセットプレートと溶接

吊り材
St φ13 OP

床
木材 210材 t=38

ガセットプレート
PL-6×100×270
OP

側桁
PL-6 OP

床根太
105×180

ボルト
2-M12

階段吊り方
仕組み

2階床の梁材の小口(木口)を
見せる納まりのため、側桁は側桁
方向にガセットプレートを取り付け、
梁材に固定している

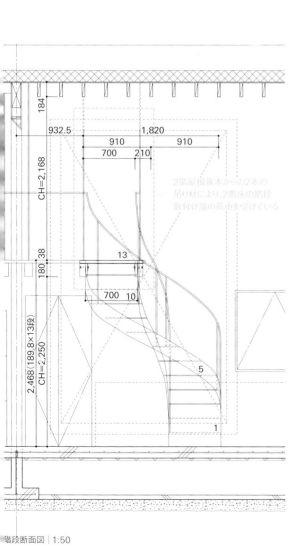

184

932.5 1,820
910 910
700 210

CH=2,168

CH=2,250

180 38

13

700 10

5

1

2,468(189.8×13段)
2,250

2階屋根垂木からの2本の
吊り材により、2階床の階段
取付け部の荷重を受けている

階段断面図 1:50

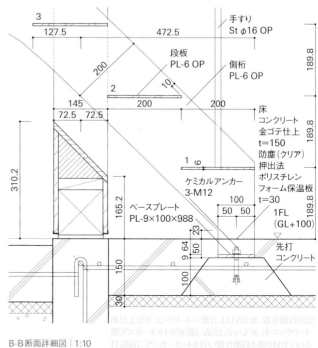

3

手すり
St φ16 OP

127.5 472.5

段板
PL-6 OP

側桁
PL-6 OP

200

2

10

145 200 200
72.5 72.5

310.2

165.2

ケミカルアンカー
3-M12

ベースプレート
PL-9×100×988

1 6

100
50 50

23

9 64
50

150
100
30

床
コンクリート
金ゴテ仕上
t=150
防塵(クリア)
押出法
ポリスチレン
フォーム保温板
t=30

1FL
(GL+100)

先打
コンクリート

189.8
189.8
189.8

床仕上げがコンクリート一発仕上げのため、鉄骨階段固定
用アンカーボルトが床面に露出しないように、床コンクリート
打設前にアンカーセットを行い鉄骨階段を取り付けている

B-B断面詳細図 1:10

(44) ARAO HOUSE

設計者：細谷功／スタジオ4設計
構造設計：梅沢良三／梅沢建築構造研究所
規模：RC造 地上3階
所在地：東京都港区｜竣工年：2006年

不整形な狭小敷地に建つ都市型RC造住宅の鉄骨造階段である。

1階から屋上階まで、縦に4層抜けたコンクリートのスペースに、半円形の踊り場をもつ折返し階段を設け、それぞれの踊り場は最上部の屋根スラブよりφ19の丸鋼で吊られている。

コンクリートの狭い階段吹抜けスペースへの階段搬入のしやすさを考慮し、階段と踊り場を4分割し、搬入後現場にて組み立てる方式を採用した。

また、段板や踊り場の床にはスチールグレーチングを採用することにより、屋上階開口部からの光は1階まで落ち、縦方向に風が抜けるようになっている。

3階の2層分の天井高さのあるリビングとは透明なガラスによって仕切られていて、浮遊感のある鉄骨吊り階段は、リビングとの一体的な空間として感じられる。

3階リビング・ダイニングから吊られた階段を見る

階段部は、現地への搬入のしやすさを考慮し、4分割の構成となっている

階段の構成

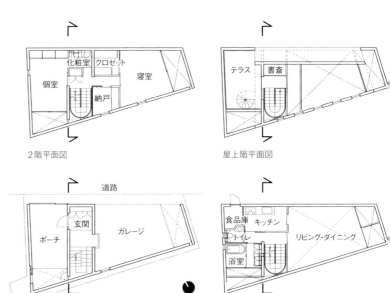

2階平面図

屋上階平面図

1階平面図｜1:300

3階平面図

S1 側桁階段

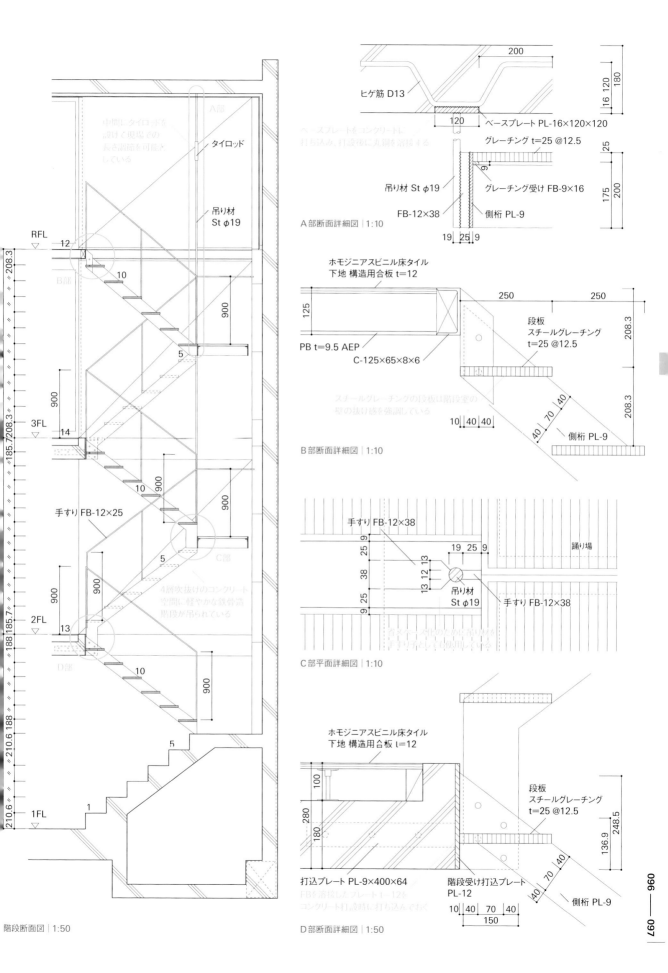

ヒゲ筋 D13

ベースプレートをコンクリートに
打ち込み、打設後に丸鋼を溶接する

200

16 120 180

120

ベースプレート PL-16×120×120

グレーチング t=25 @12.5

9

25 175 200

吊り材 St φ19

グレーチング受け FB-9×16

FB-12×38

側桁 PL-9

19 25 9

A部断面詳細図 | 1:10

ホモジニアスビニル床タイル
下地 構造用合板 t=12

250 250

125

段板
スチールグレーチング
t=25 @12.5

208.3

PB t=9.5 AEP

C-125×65×8×6

208.3

スチールグレーチングの段板は階段室の
壁の抜け感を強調している

10 40 40

40 70 40

40

側桁 PL-9

B部断面詳細図 | 1:10

手すり FB-12×38

踊り場

9 25 38 25 9

13 12 13

19 25 9

吊り材
St φ19

手すり FB-12×38

省スペース化のために吊り材を
手すり子として併用している

C部平面詳細図 | 1:10

ホモジニアスビニル床タイル
下地 構造用合板 t=12

100 280 180

段板
スチールグレーチング
t=25 @12.5

136.9 248.5

打込プレート PL-9×400×64

FBを溶接したプレート t=12を
コンクリート打設時に打ち込んでおく

階段受け打込プレート
PL-12

側桁 PL-9

10 40 70 40

150

40 70 40

D部断面詳細図 | 1:50

タイロッド

中間にタイロッドを
設けて現場でその
長さ調節を可能に
している

A部

吊り材
St φ19

RFL

12

10

900

5

B部

3FL

14

10 900

900

手すり FB-12×25

5

C部

4層吹抜けのコンクリート
空間に軽やかな鉄骨造
階段が吊られている

2FL

13

D部

10

900

1

5

1FL

208.3 185.7 208.3 185.7 188 210.6 188 210.6

900 900 900 900 900

階段断面図 | 1:50

⑮ サンペンハウス

設計者：山隈直人／kt一級建築士事務所
構造設計：岡本克彦／A.E.R.O
規模：木造 地上2階
所在地：広島県福山市｜竣工年：2007年

木造住宅の鉄骨直進階段である。木造の架構や、内装材の木をすべてあらわしにすることにより、木の素材感があふれる階段となっている。階段は、三角形平面の広い吹抜けのあるリビングの　辺に位置する。階段は、壁側は壁に取り付けたスチールアングル（L-6×32×32）が段板を受け、吹抜け側はのこぎりの歯状に加工された12mmのスチールプレートのささら桁に段板が載るというシンプルな納まりである。

この直進階段の踊り場から下の段板形状は、壁側よりも吹抜け側の寸法が小さくなっていて、三角形のリビングの中央に意識が向かうようにデザインされている。

また、φ32のスチールパイプの手すりは、あらかじめささら桁よりワンランク下のスチールパイプを溶接により段板から500mm立ち上げておき、段板溶接後にさや管として手すりのスチールパイプを差し込み、ビスで固定して段板と手すりの取り合い部分をすっきりと見せている。

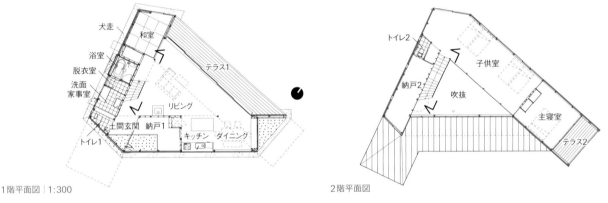

1階平面図｜1:300

2階平面図

三角形のリビングの一辺に位置する階段。踊り場から下の段板の形状は、リビングから上りやすいように徐々に変形している

見切材 Al L-30×30×3

2FL ▽

14

185.7

30

段板 針葉樹合板 t=28

コーチボルト

13

段板受け FB-6×32×220

75

ささら桁
PL-12 SOP

C部断面詳細図 | 1:10

2

段板受け FB-6×32×200

段板 針葉樹合板 t=28

1

45　200　45

75

ささら桁
PL-12 SOP

185.9

L

コーチボルト

PL-9

階段の固定のため、
コーチボルトを使用

受け土台 105角

B部断面詳細図 | 1:10

1,025

864　　150

32　50

段板より上部のスチールパイプの手すりは
段板取付け後、さや管として納める

手すり φ32 SOP

壁
スギ小幅板貼板 t=15
AEP拭取

※段板設置後、さや管に
手すりを差し込み、ビスで固定

500

※段板壁のみ込み

※さや管立上げ 段板+500

段板
針葉樹合板 t=28

L-6×32×32

段板受け FB-6×32×540

61

150

ささら桁 PL-12 SOP

A-A断面詳細図 | 1:10

1,918　　600　　1,400　　440.61

274　　274

10

1

5

260

260

10

14

1,000

1,000

1,000

1,040.01

150

ささら桁

200　200　600

280　280

187　　187　600　280　　280

3,309

155.11

リビングから上りやすい
平面形状

A

A

階段平面図 | 1:50

段板をセットしてから手すり子の
鋼管 φ32をさや管として差し込む

段板

φ28の鉄筋をささら桁に
溶接する

段板から直に鋼管手すりがささって
いるように見える美しい納まり

段板と手すりの納まり

手すり φ32 SOP

2FL ▽

14

280　30

C部

600　30　185.7　10

185.7

187　30

185.7

5

2,600 (185.7×14段)

1

B部

ささら桁はスチールプレート
12mmをのこぎり歯状に加工

1FL ▽

階段断面図 | 1:50

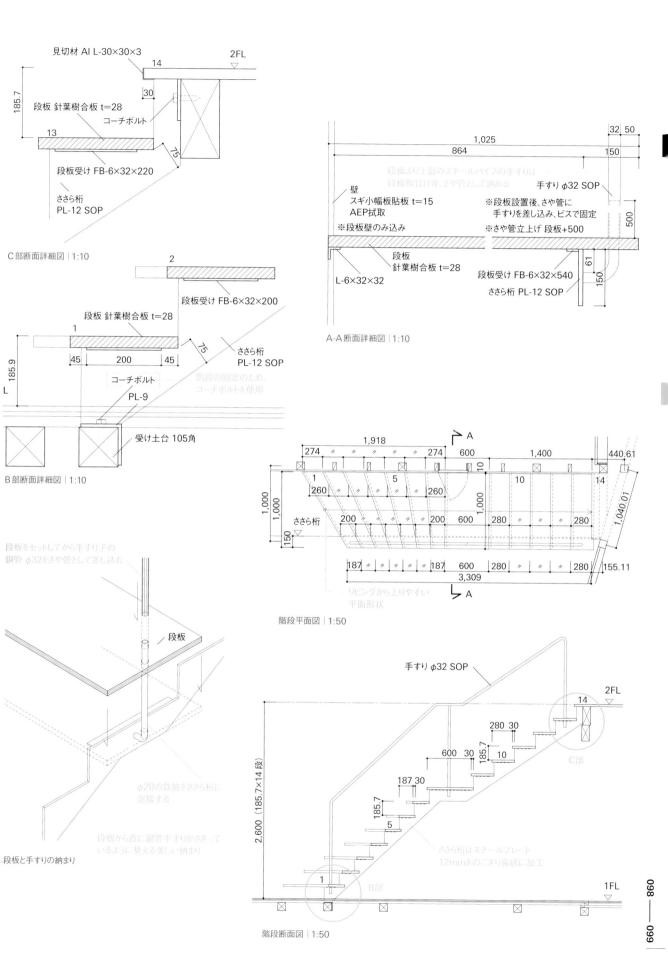

(46) **IRONHOUSE**

設計者：椎名英三建築設計事務所、
梅沢建築構造研究所

構造：梅沢良三／梅沢建築構造研究所

規模：鉄骨造、RC造、地下1階、地上2階

所在地：東京都世田谷区｜竣工年：2007年

この片持ち構造の鉄骨折返し階段は、1階の玄関ホールよりアウタールームのある地下LDKへ下りていくための階段である。

ささら桁は平使いされたPL-30×60（コールテン鋼）を稲妻状に加工し、宙に浮いた踊り場の外周部も同材で構成されている。

手すりは角鋼22×22（コールテン鋼）という無垢の鋼材をささら桁に溶接することにより、片持ち階段を実現している。

また段板には、強化ガラス板12mm＋8mmの合わせガラスを使用することにより、リビング中央にある階段でありながら、存在を主張しない軽やかで美しいデザインの階段となっている。

階段上部の躯体取付け部は、コンクリート打設時にスタッドボルト付きPL-25×130×180を打ち込んでおいて、現場溶接でささら桁を取り付けている。

地階平面図｜1:300

1階平面図

2階平面図

リビングの中央にある透明感のある階段

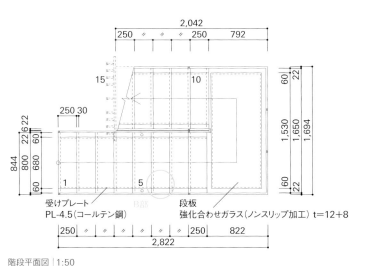

階段平面図 | 1:50

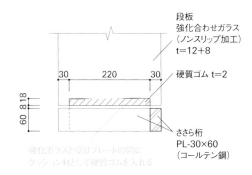

段板
強化合わせガラス
（ノンスリップ加工）
t=12+8

手すり子 22角（コールテン鋼）

コーキング

硬質ゴム t=2

受けプレート PL-4.5（コールテン鋼）

ささら桁 PL-30×60（コールテン鋼）

B部階段断面詳細図 | 1:5

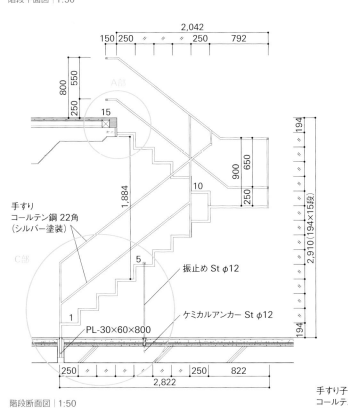

手すり
コールテン鋼 22角
（シルバー塗装）

振止め St φ12

ケミカルアンカー St φ12

PL-30×60×800

階段断面図 | 1:50

段板
強化合わせガラス
（ノンスリップ加工）
t=12+8

硬質ゴム t=2

ささら桁
PL-30×60
（コールテン鋼）

強化ガラスと受けプレートの間に
クッション材として硬質ゴムを入れる

B部平面詳細図 | 1:10

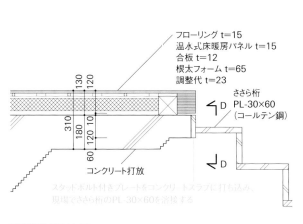

フローリング t=15
温水式床暖房パネル t=15
合板 t=12
根太フォーム t=65
調整代 t=23

ささら桁
PL-30×60
（コールテン鋼）

コンクリート打放

スタッドボルト付きプレートをコンクリートスラブに打ち込み、
現場でささら桁のPL-30×60を溶接する

A部断面詳細図 | 1:20

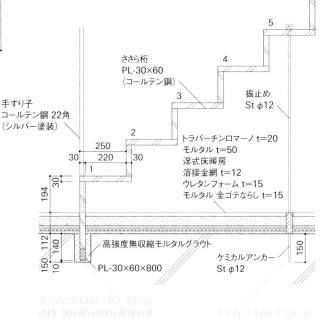

ささら桁
PL-30×60
（コールテン鋼）

振止め
St φ12

手すり子
コールテン鋼 22角
（シルバー塗装）

トラバーチンロマーノ t=20
モルタル t=50
湿式床暖房
溶接金網 t=12
ウレタンフォーム t=15
モルタル 金ゴテならし t=15

高強度無収縮モルタルグラウト

PL-30×60×800

ケミカルアンカー
St φ12

スラブに穴をあけておき、ささら桁
のPL-30×60×800を躯体の穴
に差し込み、モルタルで固定する

スラブにケミカルアンカーを
打ち込み振止めを固定する

C部断面詳細図 | 1:20

OOKI HOUSE

設計者：細谷功／スタジオ4設計
構造：梅沢良三／梅沢建築構造研究所
規模：RC造 地下1階、地上3階
所在地：東京都文京区｜竣工年：2013年

敷地面積41m²、建築面積25m²の都市型狭小住宅の折返し階段である。

踊り場は躯体と一体のRC構造で、鉄骨造階段部分のささら桁はφ12とφ9の丸鋼による立体トラス構造となっている。

段板は光と風を下階まで通すスチールグレーチング。鉄骨造階段のRC部分との取り合い部分はスタッドボルト付きスチールプレートをコンクリート打設時に打ち込んでおき、躯体工事完了後、鉄骨造階段のささら桁を溶接し固定する。

この鉄骨造階段は構成部材が細いため、階段の存在感が薄くなり、階段の両側に隣接する部屋との連続空間として感じることができる。

また、軽量で搬入も容易なため、狭小住宅には有効な階段ともいえる。

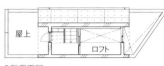

3階平面図

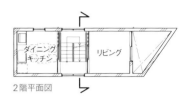

2階平面図

1階平面図

地階平面図｜1:250

リビングから階段を通してダイニング・キッチンを見る

ささら桁方向の丸鋼によるトラスと、それに直交する段板下の丸鋼によるトラスにより、立体トラス構造を構成している

コンクリート打設時に打ち込む9mmのプレート

階段の構成

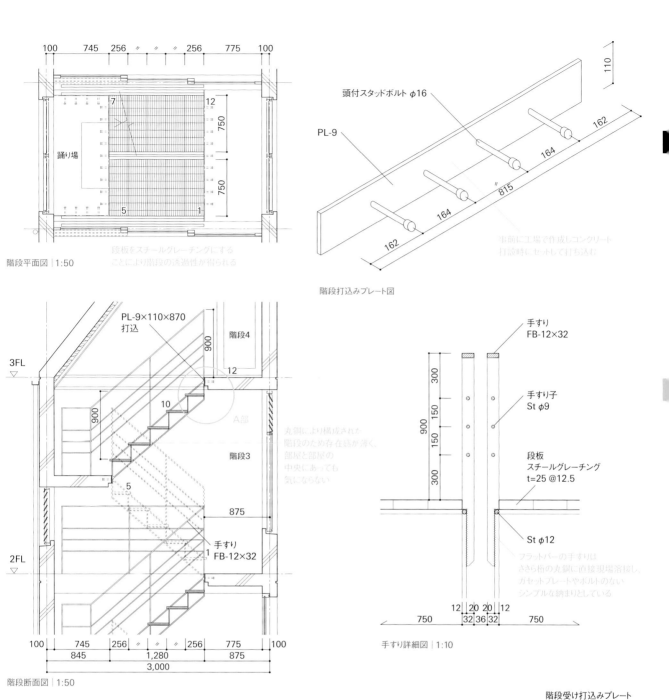

階段平面図 | 1:50

100　745　256　〃　〃　256　775　100

7

12
750

踊り場

750

5　　　　　1

段板をスチールグレーチングにする
ことにより階段の透過性が得られる

頭付スタッドボルト φ16

PL-9

110

162

164

〃 815

164

162

事前に工場で作成しコンクリート
打設時にセットして打ち込む

階段打込みプレート図

階段断面図 | 1:50

PL-9×110×870
打込

900

階段4

12

10

900

A部

階段3

5

875

手すり
FB-12×32

1

3FL
▽

2FL
▽

100　745　256　〃　〃　256　775　100

845　　256　〃　　1,280　　　875

3,000

丸鋼により構成された
階段のため存在感が薄く、
部屋と部屋の
中央にあっても
気にならない

手すり
FB-12×32

手すり子
St φ9

段板
スチールグレーチング
t=25 @12.5

St φ12

900

300　150　150　300

750　　12　20　20　12　　750
　　　　32　36　32

フラットバーの手すりは
ささら桁の丸鋼に直接現場溶接し、
ガセットプレートやボルトのない
シンプルな納まりとしている

手すり詳細図 | 1:10

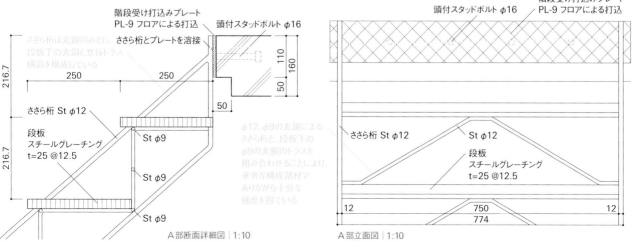

階段受け打込みプレート
PL-9 フロアによる打込　　頭付スタッドボルト φ16
ささら桁とプレートを溶接

ささら桁は丸鋼のみとし、
段板下の丸鋼と立体トラス
構造を構成している

250　　　250

216.7

ささら桁 St φ12

段板
スチールグレーチング
t=25 @12.5

St φ9

216.7

St φ9

St φ9

110　160　50

50

φ12、φ9の丸鋼による
ささら桁と、段板下の
φ9の丸鋼のトラスを
組み合わせることにより、
華奢な構成部材で
ありながら十分な
強度を得ている

A部断面詳細図 | 1:10

頭付スタッドボルト φ16　　階段受け打込みプレート
　　　　　　　　　　　　　PL-9 フロアによる打込

ささら桁 St φ12　　　　St φ12

段板
スチールグレーチング
t=25 @12.5

12　　　　750　　　　12
774

A部立面図 | 1:10

(48) SUDO HOUSE

設計者：細谷功／スタジオ4設計
構造：梅沢良三／梅沢建築構造研究所
規模：RC造 地上3階
所在地：千葉県松戸市｜竣工年：2004年

3階建てRC造住宅の半階ずつスキップした各フロアを往来するためのゆるやかな鉄骨力桁直進階段である。

階段中央に入れられた1本の力桁はφ139.8のスチールパイプで、その力桁より各段ごとにφ16の丸鋼が四方に飛び出し、段板受けの長方形の枠（L-40×40×5）を支えている。
段板は厚さ25mmのスチールグレーチングで、FBのピッチは素足で乗っても痛くない12.5mmを採用した。そしてFB-12×38の手すりは、段板受けに溶接されている。

スチールパイプ力桁の端部は、踊り場下で同材のパイプとT字形に溶接接合され、あらかじめ両側のコンクリート壁に取り付けられたガセットプレートに、ボルト接合されている。1.5階から3.5階まではスチールパイプ力桁階段であるが、3階から3.5階へは勾配がよりゆるやかになるため、溝形鋼と丸鋼φ16によるささら桁とスチールグレーチングのスロープとなった。

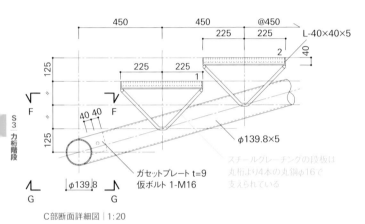

C部断面詳細図｜1:20

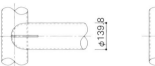

F-F断面詳細図｜1:20

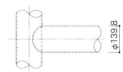

G-G断面詳細図｜1:20

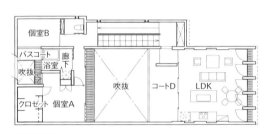

3階平面図

2階平面図

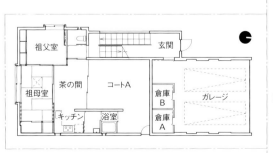

1階平面図｜1:300

2階LDK側の踊り場より階段を見る。ゆるやかな直進階段が折り返して連続する

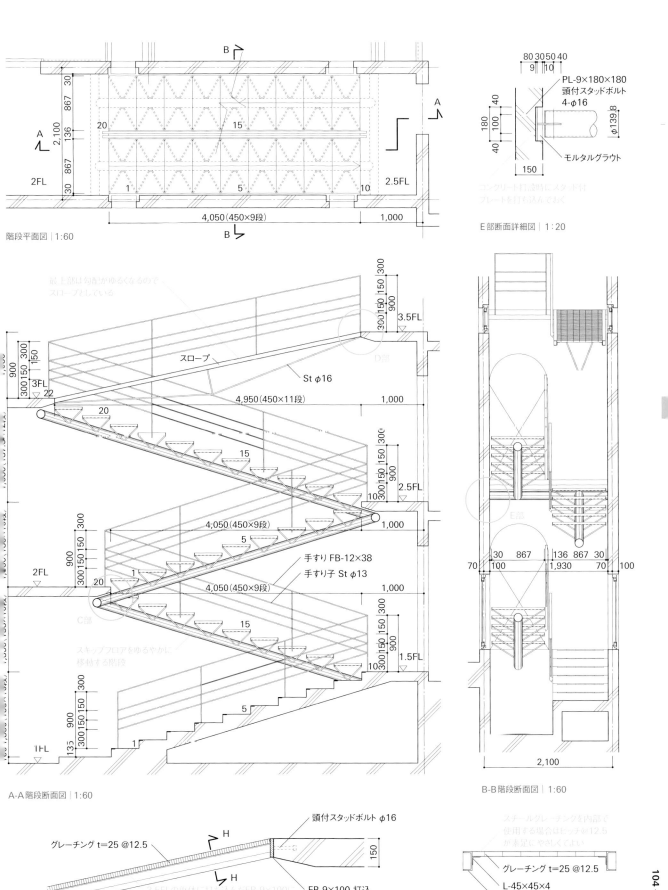

階段平面図 | 1:60

PL-9×180×180
頭付スタッドボルト
4-φ16
φ139.8
モルタルグラウト

80 30 50 40
9 10

180 100 40
150

コンクリート打設時にスタッド付
プレートを打ち込んでおく

E部断面詳細図 | 1:20

最上部は勾配がゆるくなるので
スロープとしている

スロープ

St φ16

4,950（450×11段）

1,000

4,050（450×9段）

手すり FB-12×38
手すり子 St φ13

4,050（450×9段）

4,050（450×9段）

スキップフロアをゆるやかに
移動する階段

3.5FL
3FL
2.5FL
2FL
1.5FL
1FL

300 150 150 300
900 150
300 150 300
900
300 150 300
900
300 150 300
900
300 150 300
900
135

20
22
15
5
1

A-A階段断面図 | 1:60

30 867 136 867 30
70 100 1,930 70 100

2,100

B-B階段断面図 | 1:60

グレーチング t=25 @12.5

頭付スタッドボルト φ16

FB-9×100 打込

3.5FLの躯体に打ち込んだFB-9×100に、
溝形鋼C-100×50×6の側桁を溶接し、
その側桁間にグレーチングを落とし込んでいる

150

D部断面詳細図 | 1:20

スチールグレーチングを内部で
使用する場合はピッチ@12.5
が素足にやさしくてよい

グレーチング t=25 @12.5
L-45×45×4
C-100×50×6

H-H断面詳細図 | 1:20

HOUSE S

設計者：芦沢啓治建築設計事務所
構造設計：鈴木啓／ASA
規模：壁式RC造、一部鉄骨造 地上3階
所在地：東京都｜竣工年：2011年

RC造3階建て住宅にある大きなリビングの吹抜け上部に浮かぶ片持ち式回り階段である。

この階段は2枚の鉄板FB-22×125による力桁に、段床としてのスチールプレートPL-9を固定し、その上にブラックウォールナットフローリングの段板が取り付けられている。

手すりはFB-9×25にウォールナット材（44×20）の笠木をかぶせ、中桟は11mm径の細い丸鋼を横使いすることにより、木の手触りを保ちつつ、手すり構成材の存在感を希薄にしている。大きな吹抜け空間に浮かぶ、力強さと繊細さをあわせもった彫刻のような階段である。

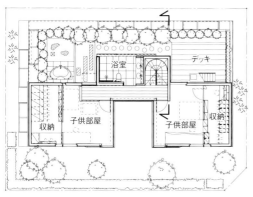

3階平面図

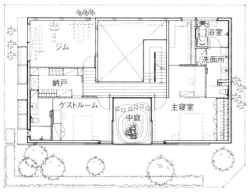

2階平面図

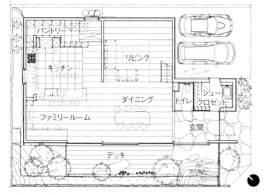

1階平面図｜1:200

3層吹抜けのリビングの上部に浮くような片持ち回り階段

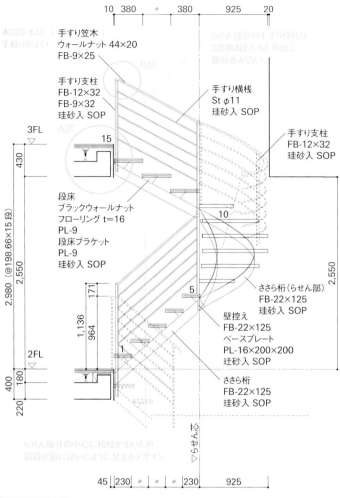

木の笠木口
手触りがよい

手すり笠木
ウォールナット 44×20
FB-9×25

手すり支柱
FB-12×32
FB-9×32
珪砂入 SOP

B部

A部

手すり横桟
St φ11
珪砂入 SOP

らせん部分の手すり横桟は
3次曲線となるため加工
難易度が高い

手すり支柱
FB-12×32
珪砂入 SOP

3FL

15

430

段床
ブラックウォールナット
フローリング t=16
PL-9
段床ブラケット
PL-9
珪砂入 SOP

10

5

2,550

2,980 (@198.66×15段)

171

1,136

964

ささら桁(らせん部)
FB-22×125
珪砂入 SOP

壁控え
FB-22×125

ベースプレート
PL-16×200×200
珪砂入 SOP

2FL

400

180

220

1

ささら桁
FB-22×125
珪砂入 SOP

らせん芯

らせん部分の中心に親柱がないため
階段が宙に浮いたように見えるデザイン

10 380 380 925 20

45 230 230 925

階段断面図 | 1:50

ウォールナット無垢 25×44

透明フロートガラス t=10
飛散防止フィルム貼

FB-9×25

ウォールナット無垢 25×44

44 25 44

18 9 18

6 32

25 9.5 44

9.5

6

FB-9×25

FB-12×32

15 10 12

44 25 44

ウォールナット無垢 25×44

FB-9×25

20

ウォールナット無垢
25×44

11

9 20

FB-9×25

FB-12×32

15 10 12
37

透明フロートガラス t=10
飛散防止フィルム貼

下地のFB-9×25にウォールナットの
笠木がかぶさっているため鉄骨階
段でありながら木の感触を味わえる

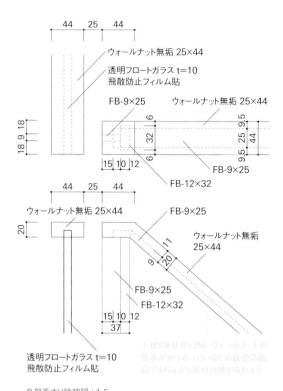

B部手すり詳細図 | 1:5

らせん部分で折り返してからの上段は踏み面
寸法が1.7倍のゆるやかな階段になる

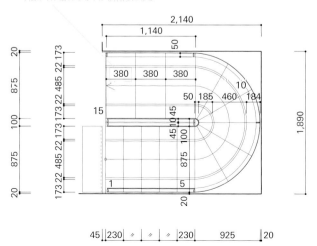

2,140

1,140

50

380 380 380

10

50 185 460 184

15

45 10 45

45 100

875

1,890

100

875

20

173 22 485 22 173

87.5

1

5

20

45 230 230 925 20

階段平面図 | 1:50

250 9 7

ベースプレート
PL-16

床見切
FB-9×32
珪砂入 SOP

ベースプレートの
出入調節用の全
ネジボルトとナット

2FL

44 80

16 20 16

100 20 100

32

ベースプレート
PL-16
珪砂入 SOP

16

381 413

220 220

無収縮モルタル

13

29 16
45

10

全ネジケミカルアンカーボルトをセットし、
ベースプレートを取付け後、アンカーボルト
と溶接し、ボルトの突出した部分をカットして
サンダーで仕上げる

ベースプレート取付け後
ささら桁を現場溶接する

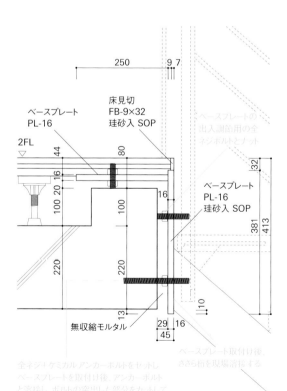

A部断面詳細図 | 1:10

(50) YA-HOUSE

設計者：窪田勝文/窪田建築アトリエ
構造設計：名和研二/なわけんジム
規模：RC造 地下2階、地上2階
所在地：兵庫県｜竣工年：2015年

階段の段板が壁から片持ちとなった、RC造住宅に設けられた直進階段である。

あらかじめ4本のヒゲ筋（丸鋼φ13）が溶接された、厚さ19mmのスチールプレートをコンクリート打設時に仕上り面よりも30mm深く打ち込んでおき、型枠脱型後に段板となる厚さ22mmのスチールプレートを現場溶接し、最後にモルタル補修をすることにより壁面から段板が飛び出したデザインを可能としている。

また、手すりのブラケット部分は躯体に穴をあけ、のみ込み部分にローレット加工されたφ9の丸鋼をその穴に差し込み、接着剤により固定している。

段板・手すりの部材や取付け部の見えがかりをシンプルにすることにより、段板の先に広がる眺望に視線が抜けていくようにデザインされている。

また上階の強化ガラスの手すりは、深さ120mmのガラス溝を9mmのスチールプレートでつくり、その溝にガラスを差し込むことにより、ガラスのみで自立している。

廊下から段板ごしに外部を見る

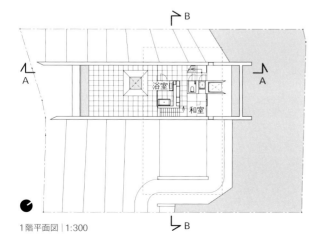

1階平面図｜1:300

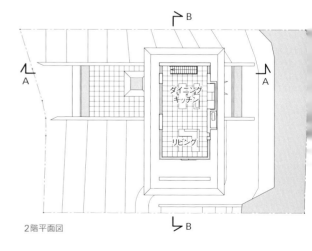

2階平面図

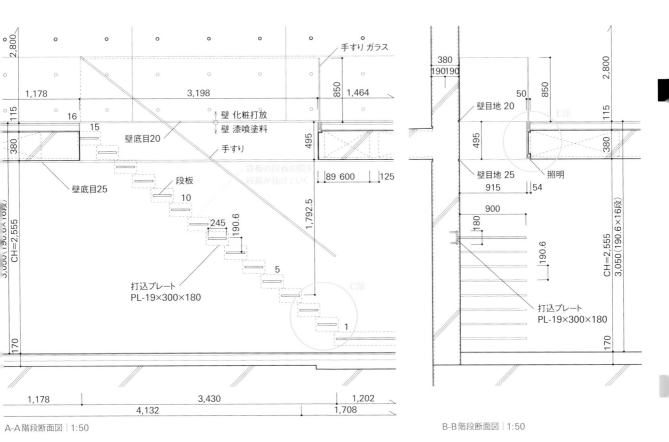

A-A階段断面図 | 1:50

手すり ガラス
壁 化粧打放
壁 漆喰塗料
手すり
壁底目20
壁底目25
段板
打込プレート PL-19×300×180

2,800
1,178　3,198　1,464
850
115
380
16
15
10
245　190.6
5
1
495
1,792.5
89 600　125
170
3,050 (190.6×16段) CH=2,555
1,178　3,430　1,202
4,132
1,708

B-B階段断面図 | 1:50

壁目地 20
壁目地 25
照明
打込プレート PL-19×300×180

380
190 190
50
850
495
915　54
2,800
115
380
900
180
190.6
170
3,050 (190.6×16段) CH=2,555
E部

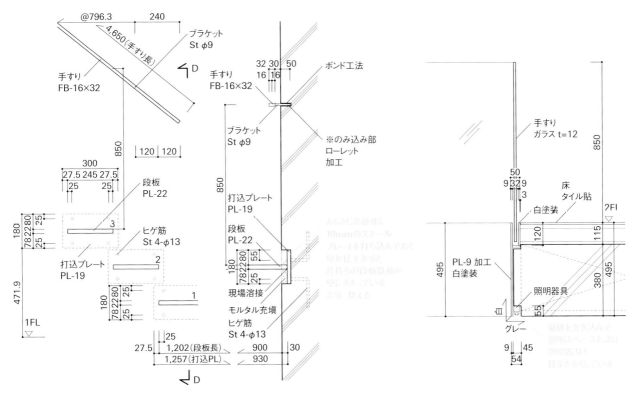

C部断面詳細図 | 1:20

@796.3　240
4,650 (手すり長)
手すり FB-16×32
段板 PL-22
ヒゲ筋 St 4-φ13
打込プレート PL-19
850
300
27.5 245 27.5
25　25
120 120
180
78 22 80
25
3
2
1
180
78 22 80
25 25
471.9
1FL
27.5　1,202 (段板長)
1,257 (打込PL)
D

D-D断面詳細図 | 1:20

ボンド工法
手すり FB-16×32
ブラケット St φ9
※のみ込み部 ローレット加工
打込プレート PL-19
段板 PL-22
現場溶接
モルタル充填
ヒゲ筋 St 4-φ13
32 30　50
16　16
850
180
78 22 80
25
55
900　30
930
D

E部断面詳細図 | 1:20

手すり ガラス t=12
床 タイル貼
白塗装
PL-9 加工 白塗装
照明器具
グレー
850
50
9 32 9
3
120
115
495
380
55
9　45
54
2FL

51 CH13

設計者：荒木毅建築事務所
構造：米本徳義
規模：木造 地上2階
所在地：東京都国立市｜竣工年：2010年

木を生かした内部空間と木構造の一体化を図った木造住宅の親柱式鉄骨らせん階段である。

親柱はスチールパイプφ101.6×4.2で段板はスチールプレートの9mm。手すりのスチールパイプ(φ27.2×2)を支える手すり子(丸鋼φ13)は上段の段鼻で上下の段板をつなぐとともに、下段段板から下では斜材となり親柱に取り付くことにより段板をトラスで支えている。

段板と手すり子の接点は、手すり子の丸鋼に3mm程度の欠き込みを設け、段板プレートを差し込んで溶接することで、溶接接合部をシャープに見せている。

簡素な部材構成や仕上げにより、軽やかで美しい鉄骨らせん階段となっている。

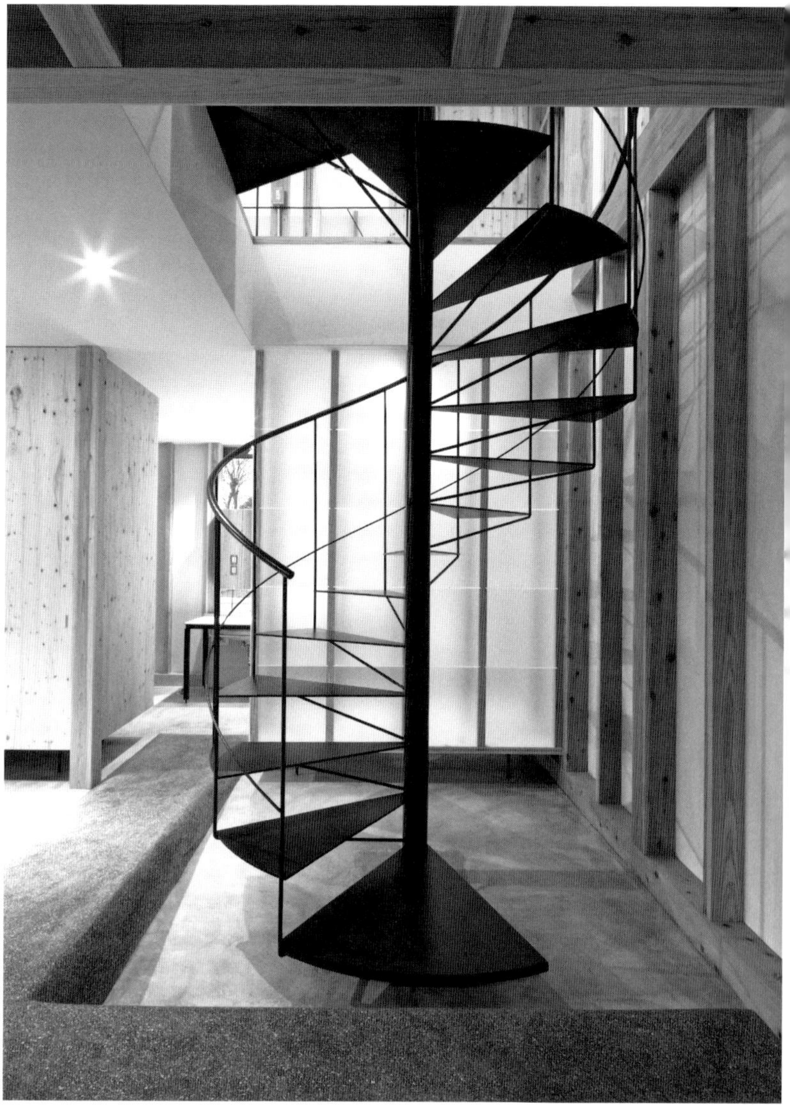

玄関から連続する土間空間の一角にある小さならせん階段

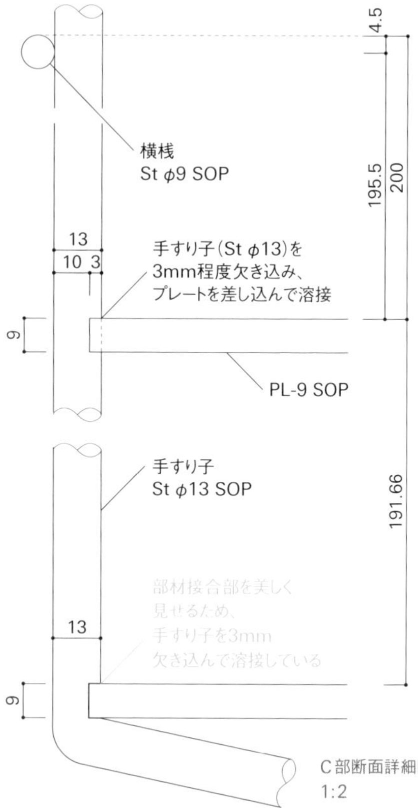
4.5
横桟
St φ9 SOP
195.5
200
13
10 3
手すり子(St φ13)を
3mm程度欠き込み、
プレートを差し込んで溶接
9
PL-9 SOP
手すり子
St φ13 SOP
191.66
部材接合部を美しく
見せるため、
手すり子を3mm
欠き込んで溶接している
13
9

C部断面詳細図
1:2

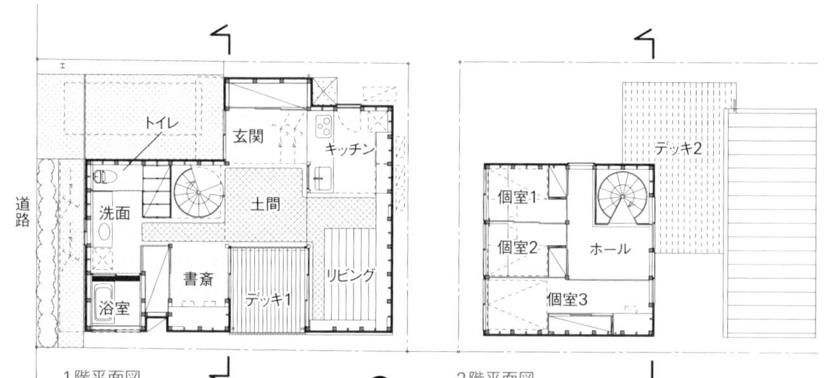
道路
トイレ
玄関
キッチン
洗面
土間
書斎
リビング
デッキ1
浴室
デッキ2
個室1
個室2
ホール
個室3

1階平面図
1:250

2階平面図

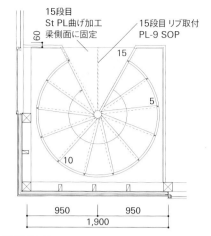

15段目
St PL曲げ加工
梁側面に固定

60

15段目 リブ取付
PL-9 SOP

15

5

10

950　950
1,900

階段平面図｜1:50

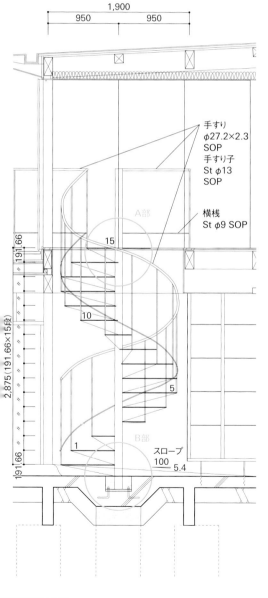

1,900
950　950

手すり
φ27.2×2.3
SOP
手すり子
St φ13
SOP

A部

横桟
St φ9 SOP

15

10

5

B部

1

スロープ
100
5.4

191.66
191.66

2,875(191.66×15段)

191.66

階段断面図｜1:50

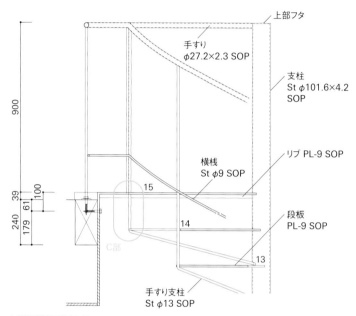

27.2
12.5

750

階段階段小寸法

50.8

プレート上下を
すべて隅肉溶接

支柱
St φ101.6×4.2
SOP

1段は360を
13等分した角度

27.69°
(360°/13)

45°

スチール

スチール r=814.4

25
12.5
12.5

手すり子
St φ13 SOP

A部段板平面詳細図｜1:20

上部フタ

手すり
φ27.2×2.3 SOP

支柱
St φ101.6×4.2
SOP

リブ PL-9 SOP

段板
PL-9 SOP

横桟
St φ9 SOP

15

14

13

C部

手すり支柱
St φ13 SOP

900

240　179　61　100
39

A部断面詳細図｜1:20

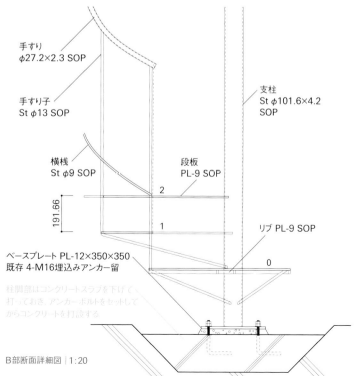

手すり
φ27.2×2.3 SOP

手すり子
St φ13 SOP

支柱
St φ101.6×4.2
SOP

横桟
St φ9 SOP

段板
PL-9 SOP

2

191.66

1

リブ PL-9 SOP

0

ベースプレート PL-12×350×350
既存 4-M16埋込みアンカー留

柱脚部はコンクリートスラブを下げて
打っておき、アンカーボルトをセットして
からコンクリートを打設する

B部断面詳細図｜1:20

(52) 直方の海

設計者：椎名英三建築設計事務所

構造：オーク構造設計

規模：RC造 地下1階、地上3階

所在地：東京都港区 ｜ 竣工年：2004年

一般的に鉄骨らせん階段は中心に支柱を設け、その親柱に段板を固定するが、この階段は支柱も側桁もないらせん階段である。厚さ19mmの鉄板の蹴込み板と段板を現場溶接で連続させることにより、仮想の支柱（Φ165.2）を形成し、軸力を下階スラブに伝達している。

また、上階床部と下階天井部の階段の側面では、倒れ防止のために階段の側面と躯体を平鋼（FB-9×75）によって支持している。階段上部に設けられたトップライトからの光により、らせん状に連なる段板と蹴込み板が強調され、美しいアート作品のような鉄骨らせん階段となっている。

キッチン・ダイニングから階段を見る。
トップライトの光に階段が浮かび上がる

断面図 ｜ 1:300

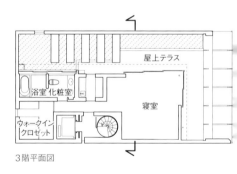

3階平面図

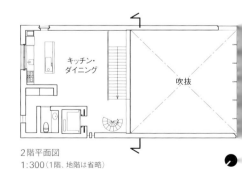

2階平面図
1:300（1階、地階は省略）

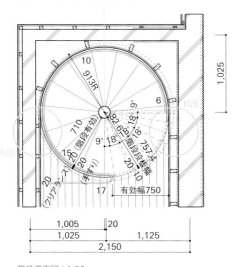

通常のらせん階段の支柱のある位置に支柱はない
懸込み板と段板のみによるらせん階段は途中から
シリンダー状の壁の中へ納まっていく

913R

10

6

710
(階段有効)

82
18°
18°
9°
18°
18°

757.4

15
20
(クリアランス)
(手すり)

17

有効幅750

1,005	20	
1,025		1,125
2,150		

階段平面図 | 1:50

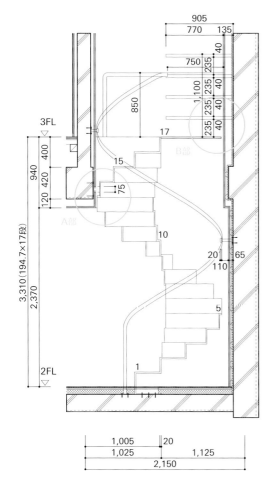

905
770
135

750
1,100
850

235 40
235 40
235 40
235 40
235 40
235 40

3FL

17

B部

15

75

120 420 400 940

A部

10

20
65
110

5

1

2FL

3,310 (194.7×17段)
2,370

1,005	20	
1,025		1,125
2,150		

階段立面図 | 1:50

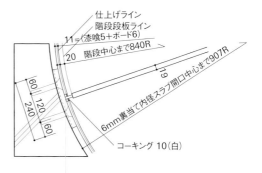

仕上げライン
階段段板ライン
11 (漆喰5+ボード6)
20 階段中心まで840R
19
階段中心まで内径スラブ開口中心まで907R
60
120
240
60
6mm裏当て内径スラブ開口中心まで907R
コーキング 10（白）

16mmのベースプレートをメカニカルアンカー（ケミカルアンカー）
により取り付け、アンカーボルトにナットを溶接で埋め、突出している
アンカーボルトを切断しグラインダーで仕上げる

A部平面詳細図 | 1:15

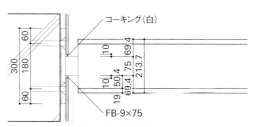

コーキング（白）

300
60
180
60
10

10 69.4
50.4 75 69.4 213.7
19

FB-9×75

3階スラブまわりは躯体からアンカーを
とってFB-9×75と懸込み板を溶接して
固定している

A部断面詳細図 | 1:15

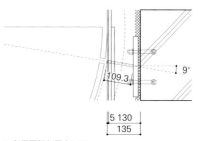

9°
109.3

5 130
135

B部平面詳細図 | 1:15

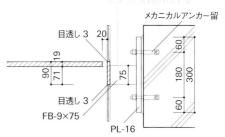

階段最上部の踊り場は壁仕上
ボード内で躯体からのFB-9×75
によって支持されている

メカニカルアンカー留

目透し 3
20
19
90 71
75
目透し 3

60
180 300
60

FB-9×75
PL-16

B部断面詳細図 | 1:15

(53) 横浜ホンズミ邸

設計者：田中昭成ケンチク事務所＋POI
構造：名和研二／なわけんジム
規模：木造 地上2階
所在地：神奈川県横浜市｜竣工年：2013年

15坪の敷地に建坪9坪の都市型狭小ローコスト木造住宅にある、鉄骨らせん階段である。
平面的には一間四方（1,820×1,820）のスペースにぴったりと納まるサイズで、その正方形平面を親柱中心に12等分した段板がらせん状に上昇していく。
支柱はφ101.6のスチールパイプ、側桁と段板は6mmのスチールプレート。1階から屋上まで約8mを突き抜ける階段は3つに分割されて現場に搬入され、現場にて継手部を溶接により連続している。
階段の両側に展開するスキップした各フロアへのアプローチには大変有効な鉄骨らせん階段である。

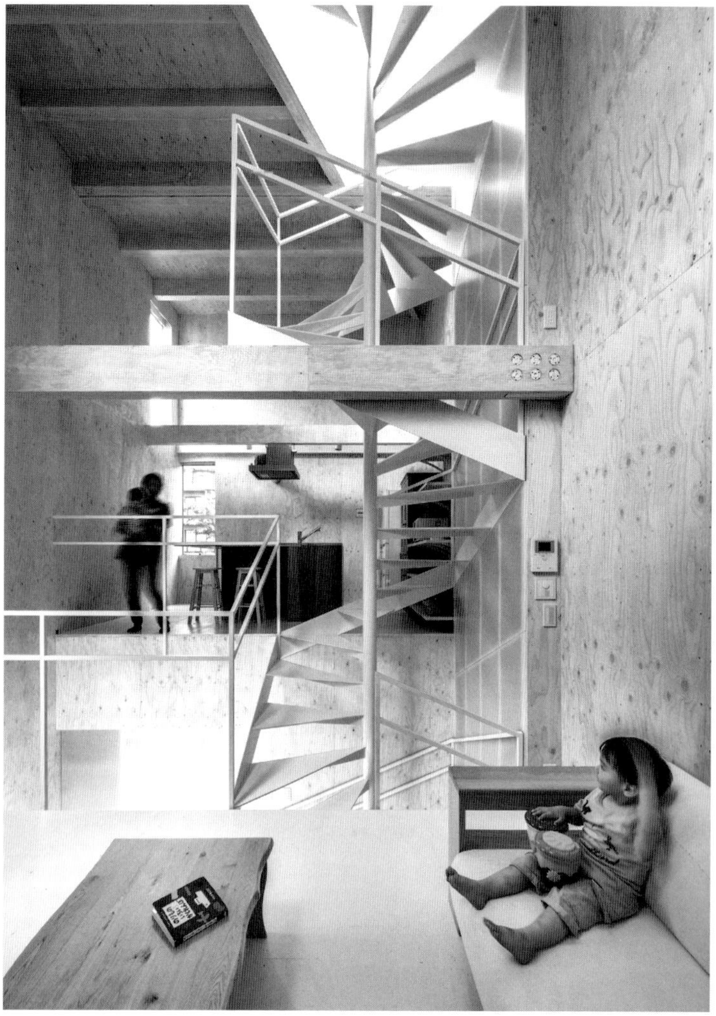
居間から階段を通して食事室を見る

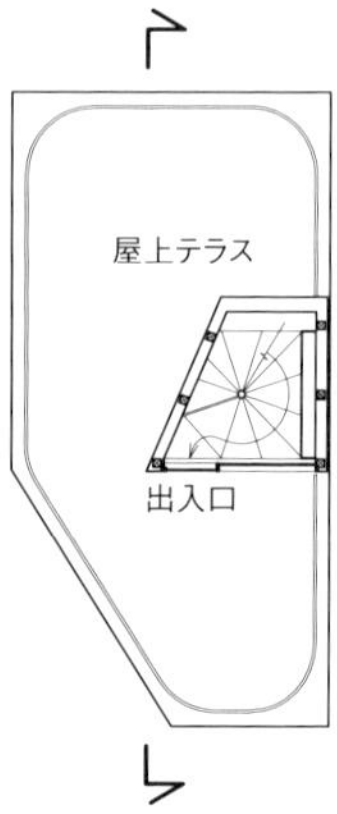

屋上階平面図

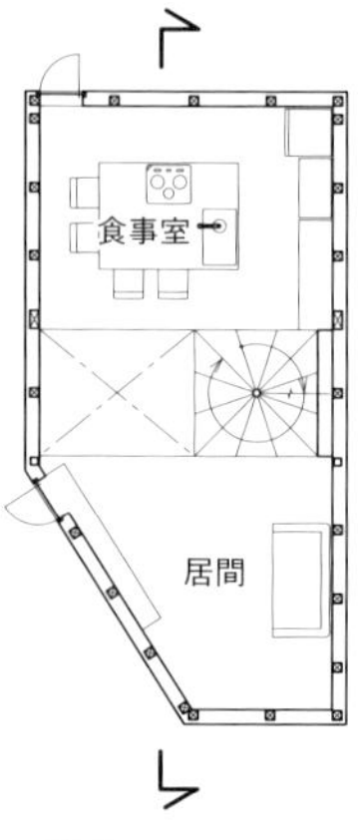

2階平面図

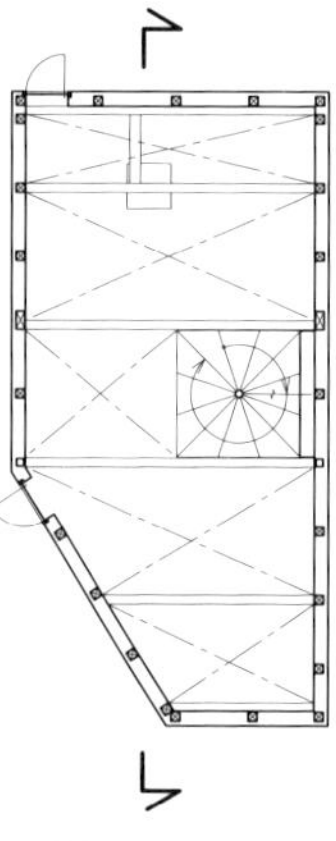
増床階平面図

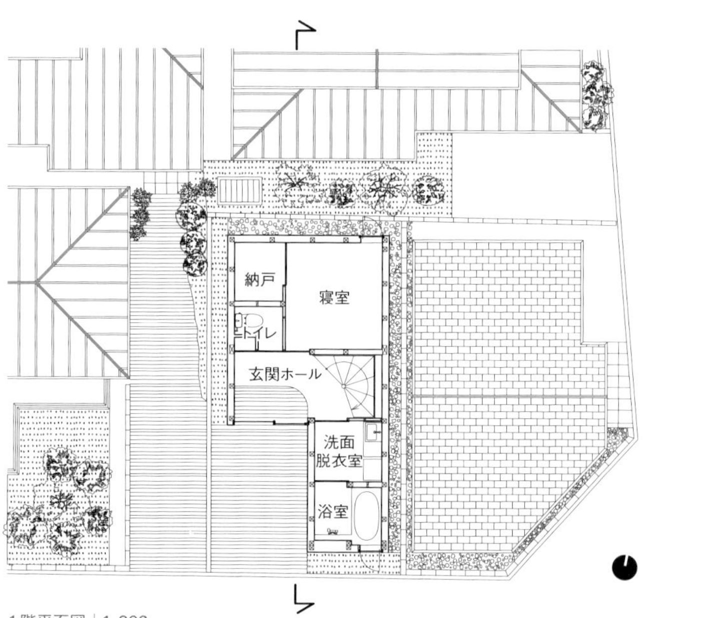

1階平面図｜1:200

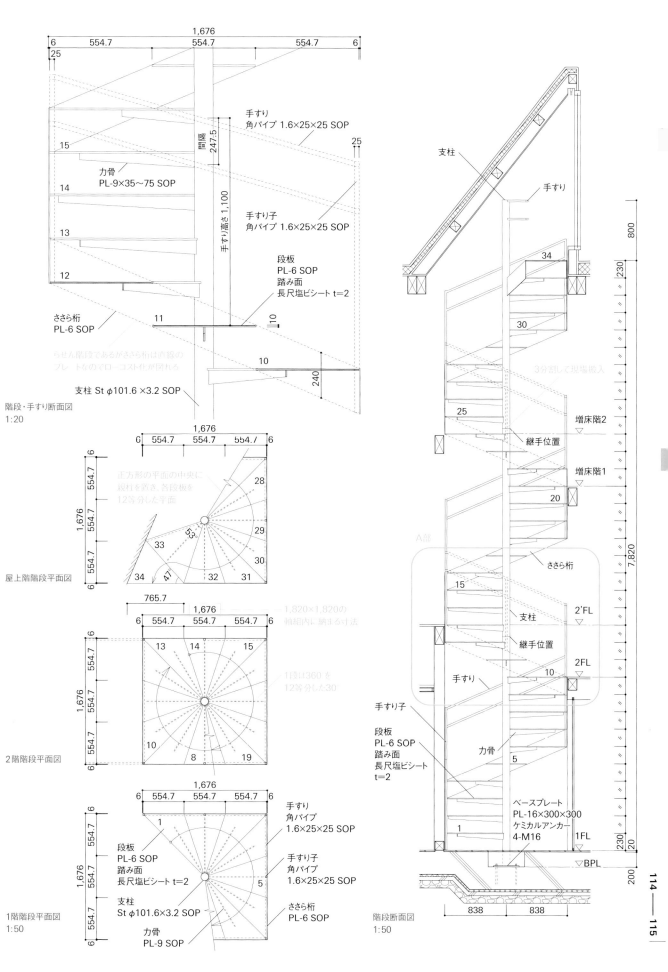

階段・手すり断面図
1:20

手すり
角パイプ 1.6×25×25 SOP

力骨
PL-9×35〜75 SOP

手すり子
角パイプ 1.6×25×25 SOP

段板
PL-6 SOP
踏み面
長尺塩ビシート t=2

ささら桁
PL-6 SOP

らせん階段であるがささら桁は直板の
プレートなのでローコスト化が図れる

支柱 St φ101.6 ×3.2 SOP

間隔

手すり高さ 1,100

247.5

支柱

手すり

3分割して現場搬入

増床階2

継手位置

増床階1

ささら桁

支柱

継手位置

手すり

手すり子

段板
PL-6 SOP
踏み面
長尺塩ビシート
t=2

力骨

ベースプレート
PL-16×300×300
ケミカルアンカー
4-M16

A部

2'FL

2FL

1FL

BPL

800

230

7,820

230

200

20

838 838

階段断面図
1:50

屋上階階段平面図

正方形の平面の中央に
親柱を置き, 各段板を
12等分した平面

53°

47°

2階階段平面図

1,820×1,820の
軸組内に納まる寸法

1段は360 を
12等分した30

1階階段平面図
1:50

手すり
角パイプ
1.6×25×25 SOP

段板
PL-6 SOP
踏み面
長尺塩ビシート t=2

手すり子
角パイプ
1.6×25×25 SOP

支柱
St φ101.6×3.2 SOP

ささら桁
PL-6 SOP

力骨
PL-9 SOP

(54) 裏庭の家

設計者：松岡聡＋田村裕希／
松岡聡田村裕希
構造：鈴木啓／ASA ｜ 規模：木造 地上2階
所在地：茨城県日立市 ｜ 竣工年：2015年

本事例の空間構成→Chapter2 ｜ p.036

木造の建築に、鉄骨造の扇形の階段を設けた事例。細長い矩形平面の長辺すべてに接する段板は、視点によって、上下階へと床の連続のように見えたり、その薄さと反復も加わって、ルーバーのごとく、向こう側との関係をつくり出すスクリーン状の境界にもなる。また、引き延ばされた扇形平面と、端部で大きく確保した踏み面寸法によって、1枚の段板の中に、小物が飾れる棚板から小さな居場所まで、さまざまな役割を見立てることができる。

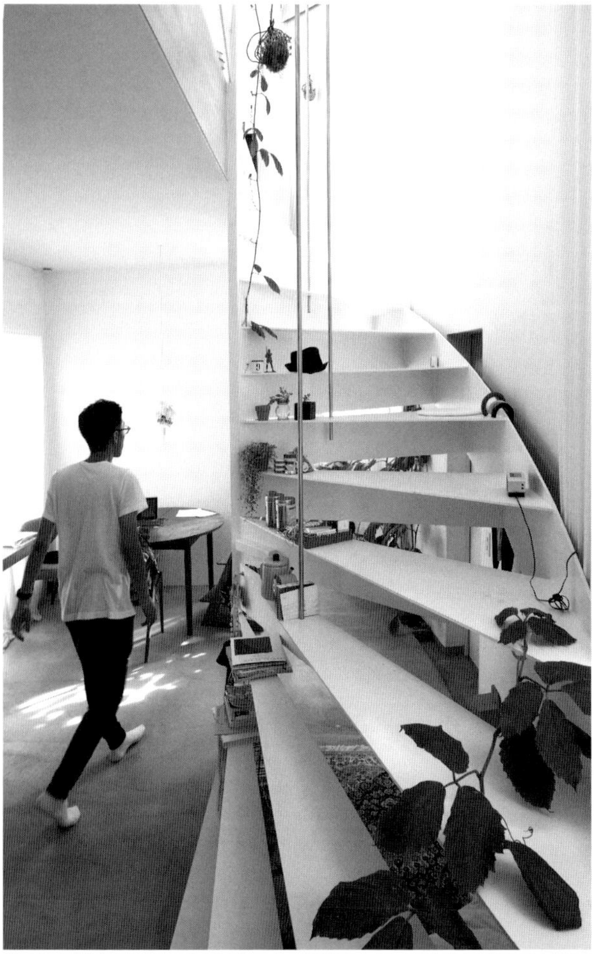

見立てによって、棚や腰掛け、ルーバーのようにも感じられる鉄骨造階段

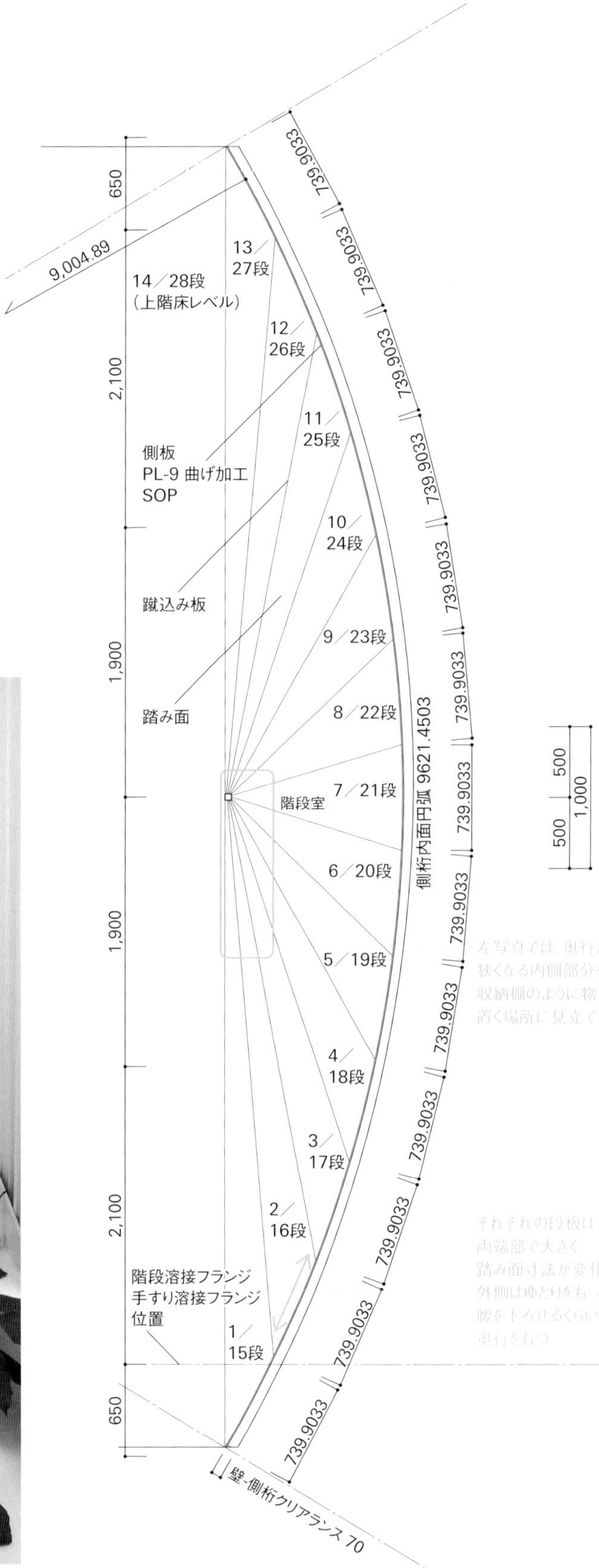
650
2,100
1,900
1,900
2,100
650
9,004.89
14／28段
（上階床レベル）
13／27段
12／26段
11／25段
10／24段
9／23段
8／22段
7／21段
6／20段
5／19段
4／18段
3／17段
2／16段
1／15段
側板
PL-9 曲げ加工
SOP
蹴込み板
踏み面
階段室
階段溶接フランジ
手すり溶接フランジ
位置
側桁内面円弧 9621.4503
739.9033
壁-側桁クリアランス 70
500
500
1,000

階段平面図 ｜ 1:50

左写真では、奥行きが狭くなる内側部分を収納棚のように物を置く場所に見立てている

それぞれの段板は、両端部で大きく踏み面寸法が変化する。外側はゆとりをもって腰を下ろせるくらいの奥行をもつ

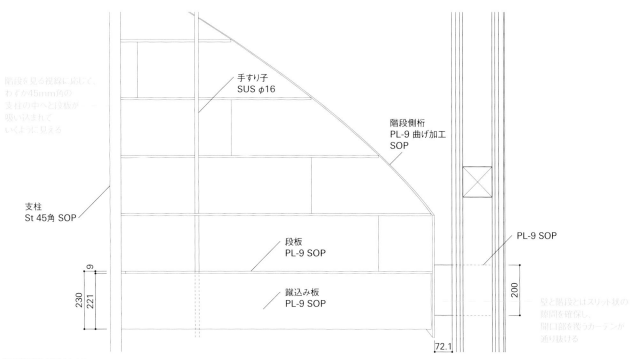

階段を見る視線に応じて、
わずか45mm角の
支柱の中へと段板が
吸い込まれて
いくように見える

手すり子
SUS φ16

階段側桁
PL-9 曲げ加工
SOP

支柱
St 45角 SOP

段板
PL-9 SOP

蹴込み板
PL-9 SOP

PL-9 SOP

230
221
9

200

72.1

壁と階段とはスリット状の
隙間を確保し、
開口部を覆うカーテンが
通り抜ける

階段断面詳細図 | 1:15

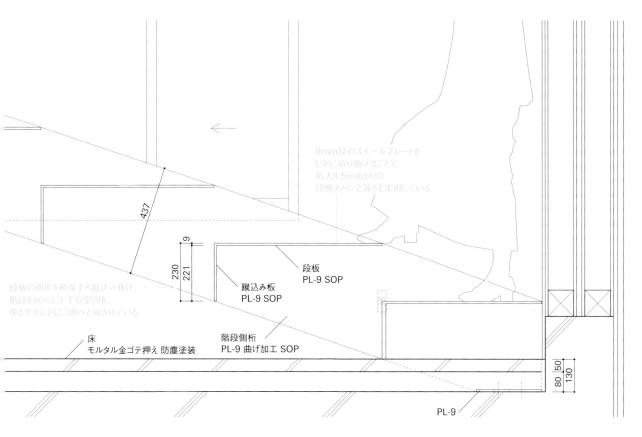

9mm厚のスチールプレートを
L字に折り曲げることで、
最大4.5mあまりの
段板スパンと薄さを実現している

437

段板
PL-9 SOP

蹴込み板
PL-9 SOP

230
221
9

段板の強度を確保する蹴込み板は、
階段を挟んだ上下の空間を、
ゆるやかに向こう側へと遠ざけている

床
モルタル金ゴテ押え 防塵塗装

階段側桁
PL-9 曲げ加工 SOP

PL-9

80 50
130

側桁展開図 | 1:15

(55) **ある家**

| 設計者：aat＋ヨコミゾマコト建築設計事務所 |
| 構造：尾関美紀 |
| 構造規模：鉄筋コンクリート造 地上4階 |
| 所在地：東京都台東区 | 竣工年：2014年 |

本事例の空間構成→Chapter2｜p.032

壁式RC造の建築にRC造の階段を、四周の外壁に沿って旋回するように設けた事例である。各々の階段は、プランの四隅で方向転換するよう、上りはじめを回り階段とし、2-3階および3-4階は、片持ちの形式をとっている。踊り場と各フロアとの間に設けたレベル差は、らせん状に連なる階段自体の連続性や、スリットごしの上下階のつながり、395mmのレベル差を腰掛けに見立て、踊り場を居場所にするなど、さまざまな役割を担っている。

RC1 片持ち回り階段

2-3階階段の途中から上下の各フロアを見渡す

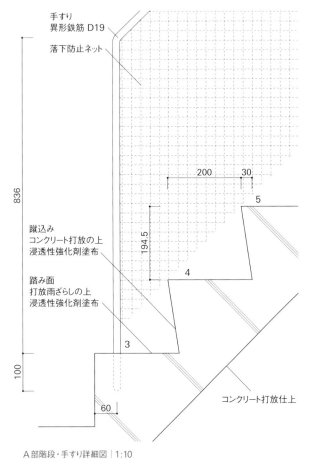

手すり
異形鉄筋 D19

落下防止ネット

836

200　30

5

194.5

蹴込み
コンクリート打放の上
浸透性強化剤塗布

4

踏み面
打放雨ざらしの上
浸透性強化剤塗布

3

100

60

コンクリート打放仕上

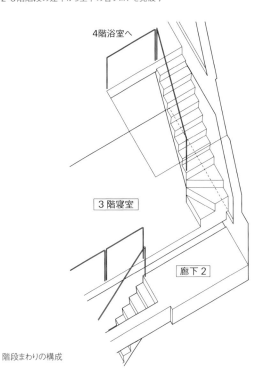

4階浴室へ

3階寝室

廊下2

A部階段・手すり詳細図｜1:10　　　階段まわりの構成

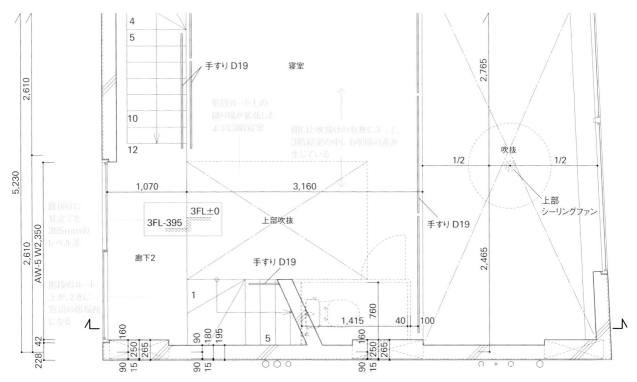

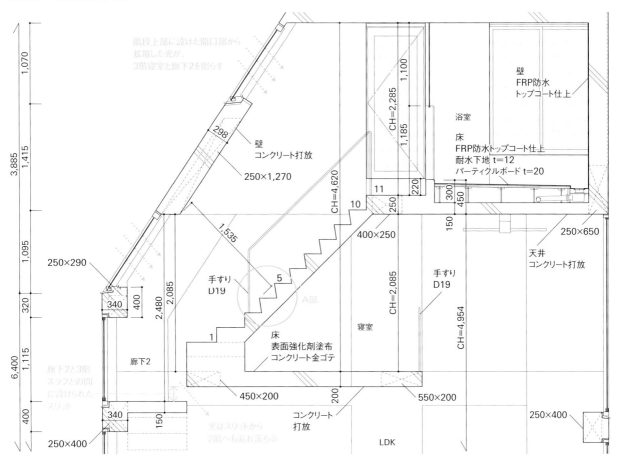

4
5

手すりD19　　　　寝室

10
12

階段ルート上の
踊り場が拡張した
ような3階寝室

開口と吹抜けの有無によって、
3階寝室の中にも明暗の差が
生じている

2,765

吹抜

1/2　　　1/2

上部
シーリングファン

手すりD19

2,465

1,070　　　　　　　　3,160

3FL±0

3FL-395

上部吹抜

手すりD19

廊下2

手すりD19

1

1,415　　760

40　100

160
250
265

90　180　195

5

160
250
265

90　15

90　15

90　15

228　42

2,610

2,610

AW-5 W2,350

5,230

腰掛けに
見立てた
395mmの
レベル差

階段のルート
上が、ときに
窓辺の居場所
になる

3階階段まわり平面詳細図 | 1:50

階段上部に設けた開口部から
拡散した光が、
3階寝室と廊下2を照らす

1,100

壁
FRP防水
トップコート仕上

CH=2,285

1,185

浴室

床
FRP防水トップコート仕上
耐水下地 t=12
パーティクルボード t=20

298

壁
コンクリート打放

250×1,270

11　250

220

300
450

150

250×650

CH=4,620

10

天井
コンクリート打放

1,535

400×250

手すり
D19

A部

5

CH=2,085

手すり
D19

寝室

1,070

1,415

3,885

1,095

250×290

340

400

2,480　2,085

手すり
D19

1

床
表面強化剤塗布
コンクリート金ゴテ

廊下2

320

1,115

6,400

廊下2と3階
スラブとの間
に設けられた
スリット

340

150

光はスリットから
2階へも流れ落ちる

250×400

450×200

200

550×200

コンクリート
打放

LDK

CH=4,954

250×400

400

250×400

3-4階階段まわり断面詳細図 | 1:50

56 VALLEY

設計者：原田真宏＋原田麻魚／
MOUNT FUJI ARCHITECTS STUDIO
構造：佐藤淳構造設計事務所
構造規模：鉄筋コンクリート造 地上2階
所在地：静岡県静岡市｜竣工年：2011年

周囲を密集した中・高層の建物に囲まれた、谷筋のような敷地に建つ住宅。RC造壁式構造の建築にRC造の段ごとに独立させた片持ち階段を設けている。天井高5,110mmの吹抜けに設けられた階段は、全長11,200mmの長大さとゆるやかな勾配により、正面からの眺めは渓谷に架け渡された吊り橋を想起させる。踏み面800mm、幅770mmの人ひとりがすっぽり納まるスケールの段板は、谷間の地形の中に、思い思いの高さの居場所を形成する。

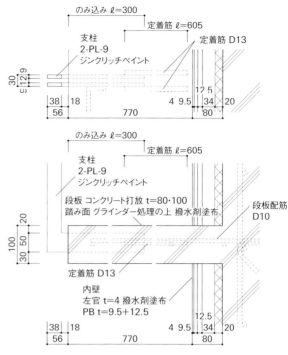

C部手すり基部まわり平面・断面詳細図｜1:10

一段一段が踊り場のような、ゆるやかな勾配の片持ち階段

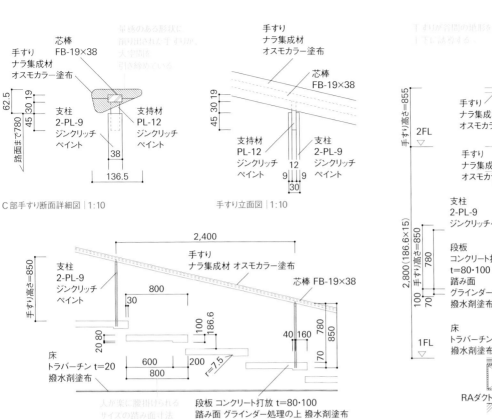

手すり
ナラ集成材
オスモカラー塗布

芯棒
FB-19×38

手すり
ナラ集成材
オスモカラー塗布

芯棒
FB-19×38

62.5 | 30 19 | 45
路面まで780

支柱
2-PL-9
ジンクリッチ
ペイント

支持材
PL-12
ジンクリッチ
ペイント

38
136.5

C部手すり断面詳細図 | 1:10

45 30 19

支持材
PL-12
ジンクリッチ
ペイント

支柱
2-PL-9
ジンクリッチ
ペイント

12
9 9
30

手すり立面図 | 1:10

2,400

支柱
2-PL-9
ジンクリッチ
ペイント

手すり高さ=850

手すり
ナラ集成材 オスモカラー塗布

芯棒 FB-19×38

800
30

20.80

100
186.6

40 160

780
850

70

床
トラバーチン t=20
撥水剤塗布

600
800

200

r=7.5

段板 コンクリート打放 t=80・100
踏み面 グラインダー処理の上 撥水剤塗布

階段まわり立面図 | 1:50

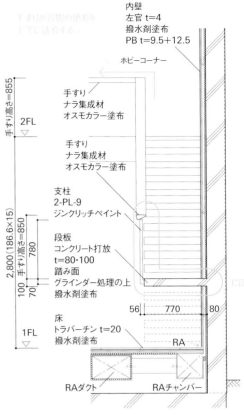

内壁
左官 t=4
撥水剤塗布
PB t=9.5+12.5

ホビーコーナー

手すり
ナラ集成材
オスモカラー塗布

手すり
ナラ集成材
オスモカラー塗布

手すり高さ=855

2FL

支柱
2-PL-9
ジンクリッチペイント

段板
コンクリート打放
t=80・100
踏み面
グラインダー処理の上
撥水剤塗布

2,800(186.6×15) | 手すり高さ=850

100 | 70 | 780

C部

56 | 770 | 80

1FL

床
トラバーチン t=20
撥水剤塗布

RA

RAダクト

RAチャンバー

B部階段断面図 | 1:50

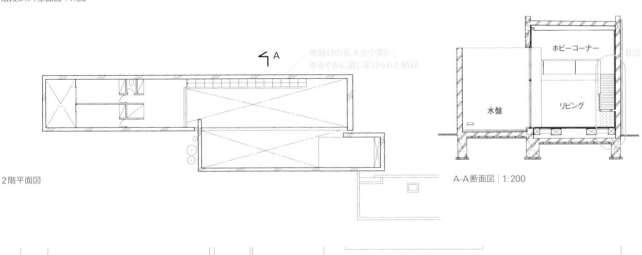

A

2階平面図

ホビーコーナー

B部

水盤

リビング

A-A断面図 | 1:200

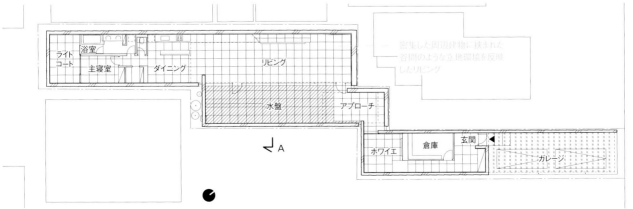

ライト
コート

浴室

主寝室

ダイニング

リビング

A

水盤

アプローチ

ホワイエ

倉庫

玄関

ガレージ

1階平面図 | 1:350

秋谷の家

設計者：荒木信雄／アーキタイプ
構造：我伊野威之／我伊野構造設計室
構造規模：鉄筋コンクリート造 地上2階
所在地：神奈川県｜竣工年：2011年

RC造壁式構造の建築に、RC造の片持ち階段を組み合わせた週末住宅である。岩場が印象的な周囲の景観から、建築の全体や部分のイメージとして、コンクリートの塊が反映されている。量感あふれる段板の端部には、対比的に繊細なスチールロッドの手すり子がつく。階段上部のトップライトから光が降りそそぐと、階段壁面と段板を照らし出し、その手前には、手すり子による影のスクリーンをも形成する。

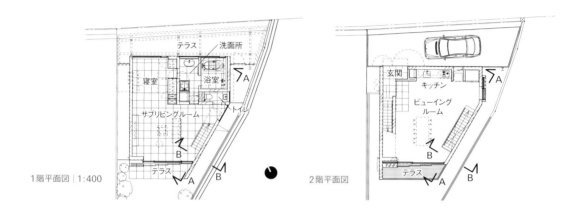

1階平面図｜1:400

2階平面図

量感あふれるRC造の階段と、それを強調するスクリーン状の繊細な手すり子

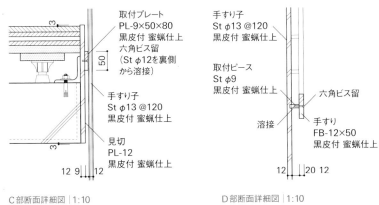

取付プレート
PL-9×50×80
黒皮付 蜜蝋仕上
六角ビス留
(St φ12を裏側
から溶接)

手すり子
St φ13 @120
黒皮付 蜜蝋仕上

見切
PL-12
黒皮付 蜜蝋仕上

12 9 12

手すり子
St φ13 @120
黒皮付 蜜蝋仕上

取付ピース
St φ9
黒皮付 蜜蝋仕上

溶接

六角ビス留

手すり
FB-12×50
黒皮付 蜜蝋仕上

12 20 12

C 部断面詳細図 | 1:10

D 部断面詳細図 | 1:10

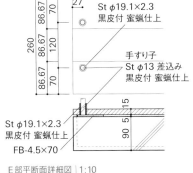

27

St φ19.1×2.3
黒皮付 蜜蝋仕上

手すり子
St φ13 差込み
黒皮付 蜜蝋仕上

260 86.67 86.67 70 120 86.67 86.67 70

St φ19.1×2.3
黒皮付 蜜蝋仕上
FB-4.5×70

90 5 15

E 部平断面詳細図 | 1:10

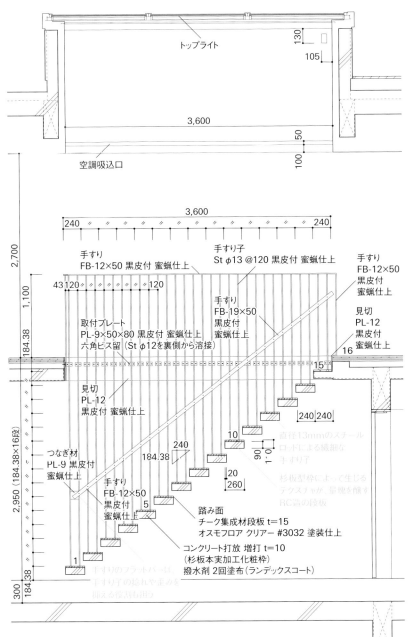

トップライト

130

105

3,600

50

100

空調吸込口

3,600

240 240

手すり
FB-12×50 黒皮付 蜜蝋仕上

手すり子
St φ13 @120 黒皮付 蜜蝋仕上

手すり
FB-12×50
黒皮付
蜜蝋仕上

手すり
FB-19×50
黒皮付
蜜蝋仕上

見切
PL-12
黒皮付
蜜蝋仕上

16

15

取付プレート
PL-9×50×80 黒皮付 蜜蝋仕上
六角ビス留 (St φ12を裏側から溶接)

見切
PL-12
黒皮付 蜜蝋仕上

240 240

43 120 120

2,700 1,100 184.38 2,950（184.38×16段） 300 184.38

つなぎ材
PL-9 黒皮付
蜜蝋仕上

手すり
FB-12×50
黒皮付
蜜蝋仕上

5

1

240

184.38

10

20

260

90

踏み面
チーク集成材段板 t=15
オスモフロア クリアー #3032 塗装仕上

コンクリート打放 増打 t=10
（杉板本実加工化粧枠）
撥水剤 2回塗布（ランデックスコート）

直径13mmのスチール
ロッドによる繊細な
手すり子

杉板型枠によって生じる
テクスチャが、量塊を醸す
RC造の段板

A-A 階段断面図 | 1:50

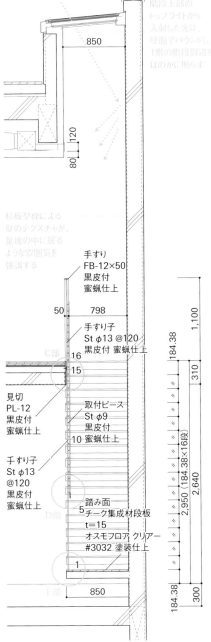

階段上部の
トップライトから
入射した光は、
昼面でバウンドし、
1階の階段周辺を
ほのかに照らす

850

120

80

杉板型枠による
昼のテクスチャが、
量塊の中に居る
ような雰囲気を
強調する

手すり
FB-12×50
黒皮付
蜜蝋仕上

50

798

手すり子
St φ13 @120
黒皮付 蜜蝋仕上

C部

16

15

見切
PL-12
黒皮付
蜜蝋仕上

取付ピース
St φ9
黒皮付
蜜蝋仕上

手すり子
St φ13
@120
黒皮付
蜜蝋仕上

D部

10

5

1

踏み面
チーク集成材段板
t=15
オスモフロア クリアー
#3032 塗装仕上

E部

850

1,100 184.38 310 2,950（184.38×16段） 2,640 184.38 300

B-B 階段断面図 | 1:50

(58) # Rustic House

設計者：前田圭介／UID

構造：田中輝明建築研究所

構造規模：木造一部鉄筋コンクリート造

地下1階、地上1階

所在地：広島県福山市｜竣工年：2010年

段板を独立させたRC造片持ち階段の事例。それは1階と半階下がったリビングをつなぐ階段である。段板の上面・側面仕上げに畳を納め、リビングの畳床が浮上して木造の廊下まで迎えにくるかのようだ。また異素材を面一で納めたことで、畳の質感がコンクリートのテクスチャや量感を際立たせ、リビングまわりにミニマルな雰囲気を形成している。

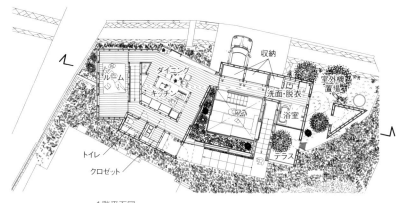

1階平面図

地階平面図｜1：300

畳とコンクリートの質感が組み合わされた段板

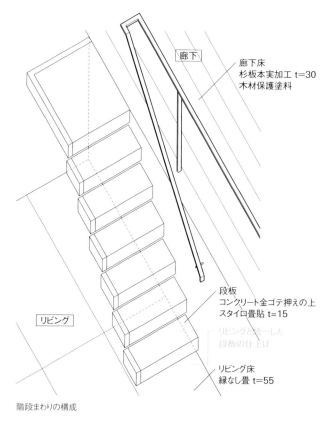

廊下

廊下床
杉板本実加工 t＝30
木材保護塗料

段板
コンクリート金ゴテ押えの上
スタイロ畳貼 t＝15

リビングと統一した
段板の仕上げ

リビング

リビング床
縁なし畳 t＝55

階段まわりの構成

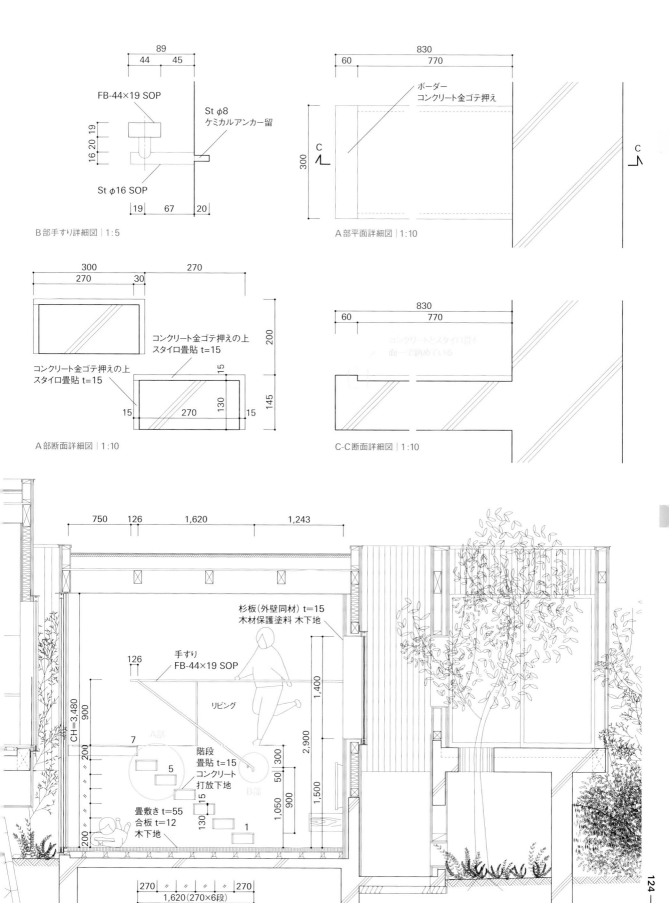

89
44 45

FB-44×19 SOP

St φ8
ケミカルアンカー留

16 20 19

St φ16 SOP

19 67 20

B部手すり詳細図｜1:5

830
60 770

ボーダー
コンクリート金ゴテ押え

300

C

C

A部平面詳細図｜1:10

300
270 30

270

200

コンクリート金ゴテ押えの上
スタイロ畳貼 t=15

コンクリート金ゴテ押えの上
スタイロ畳貼 t=15

15

130

145

15 270 15

A部断面詳細図｜1:10

830
60 770

コンクリートとスタイロ畳を
面一で納めている

C-C断面詳細図｜1:10

750 126 1,620 1,243

杉板(外壁同材) t=15
木材保護塗料 木下地

126

手すり
FB-44×19 SOP

リビング

1,400

CH=3,480

900

2,900

7 A部

5

階段
畳貼 t=15
コンクリート
打放下地

300

50

畳敷き t=55
合板 t=12
木下地

B部

15

130

900

1,050

1,500

200

200

200

1

270 〃 〃 〃 270
1,620(270×6段)

階段まわり断面図｜1:50

写真クレジット

阿野太一
p.026、040、047、052、060、
078、090、094、106

佐々木勝敏建築設計事務所
p.028

妹島和世建築設計事務所
p.029

堀部安嗣
p.030

小川重雄
p.032、118

矢野紀行
p.033

Iwan Baan
p.034、068

中山英之建築設計事務所
p.035

松岡聡＋田村裕希
p.036、116

黒住直臣
p.038

SOY source 建築設計事務所
p.043

上田宏
p.045

畑拓
p.046、086

タトアーキテクツ／
島田陽建築設計事務所
p.048

長谷川豪建築設計事務所
p.050、070

川辺明伸
p.051

中村絵
p.053

新建築社
p.054

坂口裕康
p.055

畑拓（彰国社写真部）
p.056、088、100、120

sasajima ken
p.057

鈴木研一
p.058、098

岡本公二（Techni Staff）
p.061

studio velocity
p.063

西川公朗
p.066、076、080、092

藤塚光政
p.072

渋谷達郎
p.074

栗原宏光
p.082

大建 met
p.084

椎名英三建築設計事務所
p.112

松岡満男
p.096、102、104

益永研司
p.108

篠澤建築写真事務所
p.110

多田ユウコ
p.114

中田康博（BAUHAUS NEO）
p.122

UID
p.124

著者略歴

大塚篤｜おおつかあつし

1971年	東京都生まれ
1996年	工学院大学大学院工学研究科
	建築学専攻修士課程修了
2006年	工学院大学大学院工学研究科
	建築学専攻博士課程満期退学
	設計事務所、工学院大学専門学校
	専任講師を経て
現在	工学院大学建築学部建築系学科
	実習指導教員
	博士（工学）、一級建築士、
	ソフトユニオン会員

著書

『カタチから考える住宅発想法
「空間づくり」をはじめるための思考のレッスン』（彰国社）
『北欧の巨匠に学ぶ図法
家具・インテリア・建築のデザイン基礎』
『実務初心者からの
木造住宅矩計図・詳細図の描き方』
『「境界」から考える住宅
空間のつなぎ方を読み解く』（共著、彰国社）
『家づくりの裏ワザ アイデア図鑑』（共著、エクスナレッジ）

主な建築作品

「国分寺の家」「福生の家」
「伊豆の家」「国立の家」

執筆担当

Chapter2
Chapter3（事例35、41、54-58）

長沖充｜ながおきみつる

1968年	東京都生まれ
1989年	工学院大学専門学校建築学科卒業
1994年	東京理科大学第II工学部建築学科卒業
1997年	東京芸術大学大学院美術研究科
	建築専攻修士課程修了
1997年	小川建築工房
2001年	中山繁信／TESS計画研究所
2005年	長沖充建築設計室設立
	現在に至る
	一級建築士、都立品川職業訓練校
	非常勤講師、会津大学短期大学部
	非常勤講師
	日本大学生産工学部非常勤講師、
	ソフトユニオン会員

著書

『見てすぐつくれる建築模型の本』（彰国社）
『階段がわかる本』（共著、彰国社）
『やさしく学ぶ建築製図』
『世界で一番やさしいエコ住宅』
『建築家の名言』
『家づくりの裏ワザ アイデア図鑑』（共著、エクスナレッジ）
『矩計図で徹底的に学ぶ住宅設計』
『矩計図で徹底的に学ぶ住宅設計［RC編］』
『矩計図で徹底的に学ぶ住宅設計［S編］』
（共著、オーム社）
『窓がわかる本：設計のアイデア32』
『現場写真×矩計図でわかる！
建築断熱リノベーション』（共著、学芸出版社）

主な建築作品

「菅生の家」「追浜の家」「代々木上原の家」
「平塚の家」「北池袋の家」「東十条の家」
「塚本の家」「神栖の美容室」
「神栖の美容室II」「さぎのみやの家」

執筆担当

Chapter1
Chapter3（事例29-34、36-40）
コラム

細谷功｜ほそやいさお

1952年	埼玉県生まれ
1976年	東洋大学工学部建築学科卒業
1976年	寺井徹設計室
1979年	スタジオ4設計開設
	現在に至る
	一級建築士、スタジオ4設計主宰
	日本大学生産工学部非常勤講師、
	ソフトユニオン会員

著書

『矩計図で徹底的に学ぶ住宅設計』
『矩計図で徹底的に学ぶ住宅設計［RC編］』
『矩計図で徹底的に学ぶ住宅設計［S編］』
（共著、オーム社）
『木造住宅納まり詳細図集』
『家づくりの裏ワザ アイデア図鑑』（共著、エクスナレッジ）

主な建築作品

「Atelier77」「UOHEY」「FILE」
「HANANOEN」「USAMI HOUSE」
「Jungle Gym2250」「SHIKAMA HOUSE」
「HOSHINO Bldg」
「足立みどり幼稚園」（埼玉建築文化賞優秀賞）
「すみれ幼稚園」（こども環境学会デザイン奨励賞）
「AIMS」「HANANOEN」（商空間デザイン賞受賞）

執筆担当

Chapter3（事例42-53）

階段から考える住宅設計　54の事例から空間構成と詳細図を読み解く

2021 年 7 月 10 日　第 1 版 発　行

著　者　　大塚 篤・長沖 充・細谷 功

発行者　　下　　出　　雅　　德

発行所　　株式会社 彰　国　社

162-0067 東京都新宿区富久町 8-21

電話　03-3359-3231（大代表）

振替口座　00160-2-173401

印刷：壮光舎印刷　製本：誠幸堂

https://www.shokokusha.co.jp

著作権者との協定により検印省略

自然科学書協会会員
工学書協会会員

Printed in Japan

ISBN978-4-395-32169-8　C3052